Blasus

Elliw Gwawr

Argraffiad cyntaf: 2018
© Hawlfraint Elliw Gwawr a'r Lolfa Cyf., 2018

Dymuna'r cyhoeddwyr gydnabod cymorth ariannol Cyngor Llyfrau Cymru.

Lluniau'r clawr: Warren Orchard ac Elliw Gwawr
Lluniau mewnol: Warren Orchard ac Elliw Gwawr
Darluniau mewnol: Lowri Davies
Dylunio: Elgan Griffiths

Rhif llyfr rhyngwladol: 978-1-78461-627-4

Cyhoeddwyd ac argraffwyd yng Nghymru gan
Y Lolfa Cyf., Talybont, Ceredigion, SY24 5HE

Gwefan: www.ylolfa.com
E-bost: ylolfa@ylolfa.com
Ffôn: 01970 832304
Ffacs: 01970 832782

RHAGAIR

Beth gawn ni i swper?

Beth alla i ei baratoi ar frys?

Sut alla i leihau faint o siwgr mae fy merch yn ei fwyta?

Pa brydau fydd yn osgoi drama a thantryms?!

Fel mam, dyma rai o'r dilemas dwi'n eu hwynebu'n ddyddiol wrth feddwl pa fwydydd i'w prynu a beth i'w goginio er mwyn cadw Elsi'r ferch a Gareth, y gŵr, yn hapus!

Ers i mi ddechrau cyfweld rhieni ar gyfer fy nghylchgrawn digidol dwyieithog, www.mamcymru.wales, mae un peth wedi dod i'r amlwg, sef y ffaith ein bod ni i gyd yn jyglo llawer mwy o bethau heddiw nag yr oedd ein rhieni ni a'u rhieni nhw, a hynny'n bennaf oherwydd bod yn rhaid i ni i gyd weithio i gynnal y teulu.

Oherwydd ein rwtîn prysur, mae rôl bwyd o fewn y cartref teuluol wedi newid i'r mwyafrif ohonom. Does dim amser i dreulio oriau'n gwneud jam ac yn pobi bara a chacennau bob dydd, fel y byddai fy nain yn ei wneud. Mae beth gawn ni i ginio a swper yn tueddu i fod yn rhywbeth wrth fynd heibio ac yn destun crafu pen i lawer ohonom wrth i ni rasio 'nôl i'r tŷ am saith y nos ar ôl diwrnod hectig yn y gwaith, yn hebrwng a chasglu plant o'r ysgol ac yn darparu tacsi ar gyfer gwersi gymnasteg a nofio a llawer o bethau eraill sy'n mynd â bryd y rhai bach!

PUMP UCHEL, felly, i Elliw Gwawr am feddwl amdanon ni rieni ac am geisio'i gorau i'n helpu ni yn ein bywydau bob dydd trwy greu llyfr gwych yn llawn syniadau syml, ymarferol a blasus fydd yn dod â hwyl a phleser yn ôl i'r gegin. Ie, llyfr coginio wedi cael ei gynllunio gan fam i blentyn bach yw hwn ac mae Elliw, fel ninnau, yn ei chanol hi ac yn deall fel y mae hi arnon ni rieni heddiw.

Yn wahanol i lyfrau coginio sy'n debycach i ddarnau o gelf, neu sy'n cystadlu i geisio defnyddio'r termau coginio mwyaf uchel-ael, mae'r gyfrol hon yn gweddu'n berffaith i deuluoedd prysur o ran y cynllun defnyddiol, yn llawn ffotograffau lliwgar a lluniau hyfryd Lowri Davies, a'r iaith agos-atoch, hawdd i'w deall. Mae hyd yn oed Gruff, ei mab, wedi rhoi sêl ei fendith ar fwydydd Mam cyn iddyn nhw gael eu cynnwys yn y llyfr yma!

Ydy, mae'r ryseitiau'n ddigon syml a diffwdan fel y gall plant o bob oed eich helpu chi i'w coginio nhw. Mae Elsi'n 6 oed ac wrth ei bodd yn gwisgo het y cogydd, ac yn gwirioni'n llwyr wrth lyfu'r llwy pan fydd y cynhwysion melys allan. Ac wrth ei gwylio hi bydda i'n cofio llyfu llwy bren anferth Nain wrth ei helpu hi i wneud y gacen siocled orau erioed. Mae angen i bob plentyn gael y cyfle i greu atgofion melys tebyg i hyn… sori, Mr Deintydd!

Ond nid syniadau melys yn unig sydd yng nghyfrol newydd Elliw. Mae ynddi gyfuniad o fwydydd: bwydydd babanod, bwydydd sawrus a rhai melys, bwydydd ar gyfer partïon plant, bwyd ar gyfer y Nadolig ac achlysuron arbennig eraill. Mae hwn yn llyfr y byddwch chi'n siŵr o ddychwelyd ato'n gyson wrth chwilio am syniadau newydd ac arbrofi o wythnos i wythnos, ac wrth geisio meddwl am ffyrdd difyr i ddathlu ar adegau gwahanol o'r flwyddyn.

Geirfa

betys: *beetroot*
blawd cnau coco: *desiccated coconut*
bricyll: *apricots*
ceirios: *cherries*
ceuled: *curd*
cnau pin: *pine nuts*
corbys: *lentils*
corn melys: *baby corn*
creision reis: *rice crispies*
cyffug: *fudge*
cymysgwr bwrdd: *table-top mixers*

cytew: *batter*
ffacbys: *chickpeas*
fferins caled: *boiled sweets*
gellyg: *pears*
iro: *to grease*
llaeth cyddwys: *condensed milk*
llugaeron: *cranberries*
llugoer: *lukewarm*
llus: *blueberries*
mâl: *ground*
mudferwi: *to simmer*
olew had rêp: *rapeseed oil*
papur cegin: *kitchen paper*
papur gwrthsaim: *greaseproof paper*
penfras: *cod*
pin rholio: *rolling pin*

powdr codi: *baking powder*
prosesydd bwyd llaw: *hand blender*
pwmpen cnau menyn: *butternut squash*
rhin fanila: *vanilla extract*
rhwyll fetel: *metal sieve*
sbigoglys ifanc: *baby spinach*
sibwnsen: *spring onion*
sinsir mâl: *ground ginger*
siwgr mân: *caster sugar*
soda pobi: *bicarbonate of soda*
surop masarn: *maple syrup*
tewychu: *to thicken*
troellau: *pinwheels*
tylino: *to knead*
yn hafal: *evenly*
ysgeintio: *to sprinkle*

Fel un fam brysur i un arall, diolch yn fawr iawn, Elliw Gwawr, am fy atgoffa i o bwysigrwydd gwneud yr ymdrech i goginio gyda'n gilydd – a chael hwyl yn y gegin ar yr un pryd. Does dim dwywaith y bydd y llyfr hwn yn gwneud y dasg o siopa bwyd a mynd ati i fwydo'r teulu yn un lawer mwy hwylus o hyn ymlaen!

Heulwen Davies

Heulwen Davies
www.mamcymru.wales

CYFLWYNIAD

Dwi ddim yn gogydd proffesiynol, dwi ddim yn ddeietegydd ac yn sicr dwi ddim yn arbenigwr plant. Ond mae gen i blentyn bach i'w fwydo bob dydd, ac felly dwi'n deall yr heriau a'r pryderon sy'n dod yn sgil hynny.

Dwi'n trio sicrhau bod fy hogyn yn blasu cymaint o fwydydd gwahanol â phosib ac yn bwyta'n iach yn gyffredinol. Felly dwi'n coginio prydau ffres mor aml â phosib. Yna gallaf reoli faint o lysiau mae Gruff yn eu bwyta, ac yn bwysicach fyth, faint o halen a siwgr sydd ym mhob pryd. Gall prydau parod fod yn llawn halen a siwgr, ac er eu bod yn iawn yn achlysurol, does dim i guro prydau rydych wedi eu coginio eich hun. Wrth gwrs, dydy hi ddim yn hawdd nac yn bosib coginio bwyd ffres bob amser, ac fel pob rhiant dwi'n estyn am y pasta a'r pesto neu'r *fish fingers* a'r *waffles* pan fo amser – ac amynedd – yn brin. Dyna pam mae'r rhan fwyaf o'r ryseitiau yn y llyfr yma yn rhai hawdd a chyflym i'w gwneud, a dwi'n gobeithio y bydd aelodau mawr a bach eich teulu chi'n eu mwynhau.

Felly beth ydw i wedi'i ddysgu hyd yn hyn?

Dwi'n meddwl mai'r peth pwysicaf yw i beidio â rhoi gormod o bwysau arnoch chi eich hun drwy boeni am yr hyn y mae eich plentyn yn ei fwyta (neu'n amlach fyth, beth dydyn nhw ddim yn ei fwyta!). Fel rhywun sy'n caru bwyd, roeddwn i wir eisiau i Gruff fod y math o blentyn sy'n bwyta pob dim, ac sydd byth yn troi ei drwyn ar y pryd rydych chi wedi llafurio uwch ei ben am oriau. Fe ddechreuodd

pethau'n dda, ac fel babi roedd yn fodlon trio popeth. Wedyn, yn flwydd a hanner, fe benderfynodd nad oedd yn hoffi dim byd heblaw am gaws, cig a phasta troellog (byddai'n troi ei drwyn ar unrhyw siâp arall). Fe fyddai hyn yn fy ngyrru i'n benwan ac am gyfnod roedd pob pryd bwyd yn frwydr, a finnau'n ypsetio'n lân am nad oedd fy mab yn fodlon trio dim byd, bron – hyd yn oed y pethau roedd o'n arfer eu mwynhau. Yn y diwedd, ar ôl gair i gall gan fy ngŵr (sy'n llawer mwy amyneddgar na fi), penderfynais beidio â throi amser swper yn ddrama fawr. Fe fyddai'r mab yn dal i gael yr un swper â ni, ac fe fyddwn yn sicrhau bod yna o leiaf

un peth ar y blât yr oedd o'n ei hoffi. Os nad oedd o'n bwyta, wel, dyna ni – doedd yna ddim ffŷs, dim dewis arall (er y byddwn i'n gwneud rhywbeth bach iddo cyn gwely, os oedd o wir eisiau bwyd). Ac, mewn amser, fe ddechreuodd drio rhai o'r pethau ar ei blât.

Mae yna rai dyddiau o hyd pan nad yw'n fodlon bwyta ei hoff fwyd hyd yn oed, ond rydyn ni i gyd yn cael dyddiau fel'na weithiau, on'd ydyn ni?

Y ffactor pwysicaf wrth ei gael i fwyta pethau newydd oedd sicrhau ei fod yn cael y profiad o fwyta gyda phobl eraill. Fe fyddai o wastad yn bwyta'n llawer gwell pan fydden ni'n bwyta gydag o, ac yn well fyth os oedd yn bwyta yng nghwmni plant eraill. Dwi'n gwybod yn iawn nad yw hyn wastad yn bosib, yn enwedig yn ystod yr wythnos waith. Ond rydyn ni'n trio gwneud ymdrech i eistedd o gwmpas y bwrdd fel teulu gymaint â phosib, ac mae hynny'n gwneud gwahaniaeth. Syniad arall ges i gan ffrind yw rhoi'r llysiau mewn powlen fawr ar ganol y bwrdd. Mae plant wrth eu bodd yn cael helpu eu hunain, ac yn aml yn bwyta mwy o lysiau o'r herwydd.

Dwi hefyd yn credu bod eu cynnwys nhw yn y broses yn help mawr. Gadewch iddyn nhw eich gweld chi'n coginio, a gadewch iddyn nhw helpu hyd yn oed. Dwi'n gwybod ei fod yn golygu mwy o lanast, a mwy o amser fel arfer, ond trwy fod yn rhan o'r broses fe fyddan nhw'n llawer mwy awyddus i fwyta'r bwyd y byddan nhw wedi ei baratoi.

Roeddwn i'n awyddus i fy mab rannu'r un pleser wrth goginio â fi, felly mae o wedi bod yn fy 'helpu' yn y gegin ers ei fod yn fabi. Dim ond gwylio i ddechrau, ond gam wrth gam mae o wedi dechrau pwyso a chymysgu, tywallt a thorri – hyd yn oed gyda chyllell finiog, dan oruchwyliaeth. A dwi'n falch iawn o ddweud ei fod o'n dipyn o giamstar ar gracio wy erbyn hyn!

Wrth gwrs, dydy'r awgrymiadau yma ddim yn mynd i weithio i bawb – dwi'n nabod digon o blant i wybod bod pob un yn wahanol. Ond dwi'n gobeithio bod yna rywbeth i blesio pawb yn y llyfr yma: o fwydydd cyntaf i fabis sy'n dechrau ar fwyd solet i brydau iachus i'r teulu cyfan. Ac i'r rheini ohonoch â phlant sydd jyst ddim yn hoffi llysiau, mae yna ryseitiau sy'n cynnwys llysiau cudd. A dw innau ddim wedi rhoi'r gorau i greu cacennau'n llwyr chwaith, felly, mae yna ddanteithion blasus ar gyfer partïon ac achlysuron arbennig ac, i'r plant lleiaf, mae yna ryseitiau ar gyfer cacennau a phwdinau llawer llai melys na'r hyn rydych chi'n ei gysylltu â mi fel arfer.

Mae pob un rysáit yn y llyfr yma wedi cael sêl bendith fy mab. Ac os ydy o'n dweud eu bod nhw'n flasus, yna dwi'n gobeithio y bydd pobl eraill yn cytuno ag o hefyd.

CYNHWYSION

Dwi wastad wedi credu'n gryf y dylech chi ddefnyddio'r cynhwysion gorau y gallwch chi eu fforddio ac y dylai popeth fod mor ffres â phosib. Nawr fy mod yn coginio ar gyfer plentyn hefyd mae hynny'n bwysicach nag erioed. Mae plant angen amrywiaeth o lysiau a ffrwythau ffres yn eu deiet er mwyn cael digon o fitaminau wrth iddyn nhw dyfu a datblygu. Ond mae yna fwydydd y dylid eu hosgoi hefyd. Mae coginio ar gyfer plant bach yn wahanol iawn i goginio ar gyfer oedolion, felly mae yna ychydig o bethau pwysig i'w cofio.

HALEN – Ni ddylai plant dan flwydd oed gael mwy nag 1g o halen y dydd, felly mae'n bwysig peidio ag ychwanegu unrhyw halen at eu bwyd wrth goginio. Os ydych yn coginio bwyd i'r teulu cyfan, defnyddiwch giwbiau stoc sy'n isel mewn halen i ychwanegu blas. Wrth gwrs, gallwch ychwanegu mwy o halen at fwyd yr oedolion wrth ei weini.

SIWGR – Dydy plant bach ddim angen gormod o siwgr chwaith – ac mae melysrwydd ffrwythau yn hen ddigon iddyn nhw. Does dim byd yn bod ar gael darn o gacen yn achlysurol wrth iddyn nhw fynd yn hŷn, ond mae'n parhau i fod yn bwysig i'w dannedd a'u hiechyd nad ydyn nhw'n bwyta gormod o siwgr. Dyna pam mae gen i ddigon o ryseitiau sy'n isel mewn siwgr yn y llyfr hwn, yn ogystal â ryseitiau sy'n defnyddio siwgr mwy naturiol fel surop masarn neu fêl.

MÊL – Y cyngor gan arbenigwyr yw na ddylai plant dan flwydd oed fwyta unrhyw fêl o gwbl, gan ei fod yn cynnwys bacteria a all achosi problemau stumog. Os yw rysáit yn galw am fêl yna defnyddiwch surop masarn yn ei le.

MENYN – Dwi ddim yn defnyddio margarîn mewn cacennau. Mae margarîn yn llawer mwy artiffisial na menyn, a ddim mor flasus chwaith. Wrth bobi, mae'n hollbwysig bod y menyn ar dymheredd ystafell ac yn feddal. Fel arall fe fydd yn anodd ei guro a chael aer i mewn i'r cymysgedd. Os yw'r menyn yn rhy galed, torrwch ef yn ddarnau a'i roi yn y meicrodon am 10 eiliad. Yr unig eithriad i hyn yw pan mae'r rysáit yn nodi bod angen menyn oer. Dwi'n defnyddio menyn heb halen wrth goginio ac yn ychwanegu halen os oes angen er mwyn gallu rheoli faint o halen sydd yn y rysáit.

WYAU – Os yw'r rysáit yn gofyn am wyau, dwi wastad yn golygu wyau mawr. Fe allai defnyddio rhai llai effeithio ar y cynnyrch terfynol. Fydda i byth yn cadw wyau yn yr oergell, ond os ydych yn gwneud hynny cofiwch eu tynnu oddi yno mewn da bryd cyn eu defnyddio. Mae angen i'r wyau fod ar dymheredd ystafell.

LLIWIAU – Os ydych yn lliwio'r eisin neu'r cacennau, yna past neu *gel* lliw fydd yn cynnig y lliw gorau. Mae'n amhosib cael lliw cryf o'r lliwiau bwyd sydd i'w canfod mewn archfarchnadoedd; maen nhw'n llawer rhy ddyfrllyd ac nid ydynt yn rhoi lliw cyson. Gallwch brynu past lliw mewn archfarchnadoedd mawr, siopau offer cegin da neu mewn siopau addurno cacennau ar y we.

BWYDYDD SY'N ISEL MEWN BRASTER – Mae plant angen y calorïau a geir mewn bwydydd braster uchel, felly defnyddiwch iogwrt, caws a llaeth braster llawn ar gyfer eich plant. Yn bersonol, dwi'n bwyta yr un peth fy hun nawr, gan fod fersiynau braster isel yn aml yn cynnwys mwy o siwgr.

OFFER DEFNYDDIOL

Mewn gwirionedd, does dim angen llawer o offer arbenigol arnoch wrth ddechrau pobi nac wrth goginio'r ryseitiau yma. Dyma restr fer o offer defnyddiol sy'n cael eu defnyddio yn y llyfr hwn, ynghyd â chyngor ar sut i'w trin a'u trafod.

BAGIAU EISIO – Mae arna i ofn nad yw hyn yn beth da iawn i'r amgylchedd, ond dwi'n defnyddio bagiau eisio plastig ac yn eu taflu ar ôl gorffen â nhw. Mae croeso i chi ddefnyddio bagiau defnydd os mai dyna sydd orau gennych, ond dwi'n aml yn defnyddio mwy nag un llond bag mewn rysáit, felly mae'n haws defnyddio bag plastig newydd na cheisio golchi a sychu bag defnydd.

CLORIAN – Er bod yna fwydydd o sawl math yn y gyfrol hon, mae yna ryseitiau pobi hefyd, wrth gwrs, a rhaid cofio bod pobi yn wyddor. Felly, nid taflu pethau at ei gilydd fyddwch chi yn yr un modd â phetaech chi'n gwneud caserol. Mae'n hollbwysig pwyso'r cynhwysion yn ofalus, ac er mwyn gwneud hynny'n iawn dwi'n defnyddio clorian ddigidol. Mae'n llawer mwy cywir ac mae'n fy ngalluogi i bwyso hylif hefyd.

CYLLELL BALET – Mae'n ddigon posib eich bod chi'n meddwl mai cyllell yw cyllell, ond mae'n werth buddsoddi mewn cyllell balet – dydyn nhw ddim yn ddrud. Bydd y gyllell hon yn eich helpu i sicrhau bod yr eisin ar y gacen mor llyfn â phosib pan fydd gofyn am hynny. Bydd hefyd

yn help mawr i godi bisgedi tenau oddi ar y bwrdd, fel y bisgedi Nadoligaidd yn y llyfr hwn.

CYMYSGWR TRYDAN NEU CHWISG DRYDAN – Mae cymysgu â llaw yn waith caled! Felly, os oes un peth sy'n mynd i wneud eich bywyd yn haws wrth bobi, yna cymysgwr trydan neu chwisg drydan yw hwnnw, yn arbennig wrth gymysgu menyn a siwgr neu gymysgu wyau i wneud *meringue*. Does dim rhaid prynu cymysgwr drud, ond wedi dweud hynny, mae cymysgwyr bwrdd yn ffasiynol iawn nawr. Dwi wrth fy modd â fy un i. Mae'n llawer haws defnyddio un wrth wneud toes neu fara.

FFA POBI – Yn aml bydd rysáit yn gofyn i chi goginio tipyn bach ar y toes cyn ychwanegu'r llenwad, e.e. wrth goginio *quiche*. Bydd defnyddio haenen o bapur coginio a ffa pobi i bwyso'r toes i lawr yn sicrhau nad yw'n codi gormod. Fe allwch chi ddefnyddio unrhyw bys neu ffa sych, ond bydd ffa pobi pwrpasol yn sicrhau bod y toes yn coginio'n gytbwys.

GRATIWR – Defnyddiol nid yn unig ar gyfer gratio caws ond hefyd er mwyn gratio llysiau'n ddigon bach fel na fydd llygaid bach craff yn sylwi arnynt yn eu bwyd.

MOWLDIAU LOLIPOP – Angenrheidiol os ydych eisiau gwneud eich lolipops eich hun. Ond fe ellid defnyddio potiau iogwrt bach hefyd.

LLWYAU MESUR – Mae'n werth buddsoddi mewn llwyau mesur go iawn. Dydyn nhw ddim yn bethau drud i'w prynu. Bydd rysáit sy'n gofyn am lond llwy de o gynhwysyn penodol yn golygu llond llwy lefel sy'n mesur 5ml. Dydy llwyau te a llwyau bwrdd cyffredin ddim yn gyson o ran eu maint.

PIN RHOLIO – Bydd angen un o'r rhain arnoch i'ch galluogi i rolio toes wrth wneud cacennau neu fisgedi.

POPTY – Y cam cyntaf wrth ddechrau coginio yw rhoi'r popty ymlaen a hynny cyn dechrau cyfuno'r cynhwysion. Mae'n bwysig sicrhau bod y popty wedi cynhesu i'r tymheredd cywir cyn i chi roi'r cacennau neu fwydydd eraill i mewn.

Mae pob popty yn amrywio o ran ei dymheredd a chi sy'n adnabod eich popty eich hun orau. Felly, er fy mod i'n nodi amseroedd coginio yn y ryseitiau, bydd angen i chi ddefnyddio eich synnwyr cyffredin hefyd wrth goginio. Gadewch y bwyd yn y popty am ychydig funudau yn ychwanegol os yw hi'n edrych fel petai angen mwy o amser arno.

Mae poptai pawb yn tueddu i fod yn boethach mewn un gornel. Er mwyn sicrhau bod eich cacennau'n brownio'n hafal, trowch y tun tuag at ddiwedd yr amser coginio. Peidiwch ag agor y popty i weld sut olwg sydd ar y gacen neu'r cacennau nes bod o leiaf dri chwarter yr amser coginio wedi mynd heibio. Byddai hynny'n gadael aer oer i mewn ac yn effeithio ar dymheredd y popty, ac felly'n amharu ar allu'r gacen i godi.

PROSESYDD BWYD – Un bach sydd gen i ar hyn o bryd ac mae'n ddefnyddiol iawn i dorri cnau yn fân neu falu bisgedi'n friwsion. Mae rhai mawr yn wych ar gyfer gwneud toes.

PROSESYDD BWYD LLAW – Mae'r rhain yn rhad iawn i'w prynu a dyma un o'r teclynnau mwyaf defnyddiol yn fy nghegin i ar hyn o bryd. Dwi'n ei ddefnyddio i wneud piwres ffrwythau a saws tomato llyfn sy'n cuddio'r holl lysiau sydd ynddo.

RHWYLL FETEL – Ar ôl i chi dynnu'r cacennau o'r popty gadewch iddyn nhw oeri ar rwyll fetel. Bydd hynny'n gadael i'r aer gylchdroi o gwmpas y gacen gyfan.

SGIWER – Sut ydych chi'n gwybod bod cacen wedi coginio'n iawn? Wel, dylai sgiwer sy'n cael ei osod yng nghanol y gacen ddod allan yn lân os yw'n barod. Os nad oes gennych sgiwer, gallwch ddefnyddio ffon goctel i wneud yr un gwaith.

TUNIAU – Mawr neu fach? Crwn neu hirsgwar? Siâp calon neu seren? Mae gen i doreth o duniau cacen o bob math ac ar gyfer pob achlysur. Ond os ydych chi'n dechrau pobi, fe fyddwn i'n argymell eich bod yn prynu tun myffins 12 twll, tun torth 2 bwys, dau dun crwn 20cm a thun pobi hirsgwar. Gallwch ychwanegu at eich casgliad wrth i chi arbrofi â ryseitiau newydd.

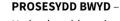

RYSEITIAU

BWYDYDD CYNTAF

POBI CYDA PHLANT

POBI Â LLAI O SIWGR

BWYTA FEL TEULU

Pen-blwydd Hapus

BWYDYDD CYNTAF

Mae dechrau rhoi bwyd i fabi yn foment reit gyffrous. Fel rhywun sy'n caru bwyd fy hun, roeddwn i wrth fy modd yn gweld yr ymateb cyntaf i flas neu ansawdd newydd.

Fe ddechreuais i drwy roi cyfuniad o biwres a bwyd y gallai'r mab ei fwyta ei hun iddo. Ond dwi'n credu'n gryf y dylai pawb wneud yr hyn sy'n eu siwtio nhw. Y peth pwysicaf yn fy marn i yw eich bod yn cyflwyno cynifer o flasau gwahanol â phosib, ac amrywiaeth o fwydydd lliwgar iddyn nhw.

Mae paratoi bwyd ar gyfer babi bach yn newid byd. Rhaid cyfaddef bod dechrau coginio heb unrhyw halen na siwgr yn her newydd i mi. Ond fe wnes i fwynhau ceisio creu ryseitiau syml a chyflym y gall plant ifanc eu mwynhau (achos pan mae gennych chi fabi sy'n tyfu bob dydd, pwy sydd ag amser i'w wastraffu yn y gegin?!).

Roedd canfod bwydydd i'w bwyta tra eich bod chi allan o'r tŷ yn bwysig i mi hefyd. Doeddwn i ddim eisiau dibynnu'n ormodol ar fwydydd parod pan oeddwn yn mynd allan am dro neu'n cael paned gyda ffrindiau. Felly, ar y cyfan, mae'r ryseitiau yma'n fwydydd y gallwch eu pacio yn eich bag tan y bydd eich cariad bach yn llwglyd.

Mae'r bwydydd yma i gyd yn addas ar gyfer babis sy'n barod i'w bwydo eu hunain. Er, wrth gwrs, mae angen bod yn wyliadwrus a pheidio â'u gadael nhw ar eu pennau eu hunain gyda bwyd, rhag ofn iddyn nhw dagu. Does yna ddim halen na siwgr yn y ryseitiau yma a dwi'n osgoi defnyddio mêl hefyd, gan na ddylech ei roi i blant o dan flwydd oed.

Ond peidiwch â meddwl mai bwyd ar gyfer babis yn unig a geir yma. Er ei fod yn hogyn bach erbyn hyn, dwi'n dal i wneud y crempogau, y ffriters a'r ffritatas, nid yn unig i Gruff ond i'r teulu cyfan.

Bysedd uwd

Dyma rai o'r pethau cyntaf i mi eu pobi ar gyfer y mab, ac roedd o wrth ei fodd â nhw. Gan amlaf roedd yn eu bwyta i frecwast, ac am ei fod yn hoffi bwydo ei hun roedd yn gwneud llawer llai o lanast na phetai'n bwyta uwd arferol. Ond maen nhw hefyd yn ddelfrydol ar gyfer eu rhoi yn eich bag er mwyn eu bwyta tra byddwch chi allan o'r tŷ. Fe fyddan nhw'n cadw am ychydig ddyddiau mewn tun a chaead arno, ond gallwch eu rhewi hefyd a'u dadmer pan fydd arnoch chi eu hangen nhw.

150g o geirch
300ml o laeth
½ banana
100g o lus

Digon i wneud 12 o fysedd uwd

1. Cynheswch y popty i 180°C / Ffan 160°C / Nwy 4.
2. Rhowch y ceirch a'r llaeth mewn powlen a'u cymysgu.
3. Yna stwnsiwch y fanana a'r llus â fforc, eu hychwanegu at y cymysgedd ceirch a chymysgu'r cyfan.
4. Rhowch y cymysgedd mewn dysgl sy'n addas ar gyfer y popty.
5. Coginiwch am 30 munud nes iddo setio'n llwyr.
6. Gadewch iddo oeri cyn ei dorri'n siâp bysedd.

Bisgedi cyntaf

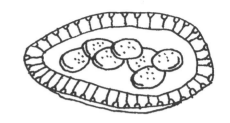

Pan ddechreuodd y mab dorri dannedd roedd yn mwynhau gallu cnoi ar y bisgedi yma. Maen nhw'n ddigon caled fel nad oes modd torri darn mawr i ffwrdd, ond maen nhw'n meddalu'n araf wrth gnoi a sugno arnyn nhw. Mae'n dal i fod yn bwysig cadw golwg ar eich plentyn wrth iddo fwyta'r rhain, rhag ofn iddo dagu. Yn amlwg, dydych chi ddim eisiau rhoi bisgedi llawn siwgr i fabis bach, felly mae'r rhain yn cael eu melysu gan ychydig o biwre afal. Dwi'n ymwybodol iawn bod amser yn brin os oes gennych fabi bach, felly mae'r bisgedi yma'n syml ac yn gyflym iawn i'w gwneud, yn enwedig os oes gennych, fel fi, lond rhewgell o biwre afal yn barod i'w ddefnyddio.

300g o flawd plaen
½ llwy de o bowdr codi
1 wy

100g o biwre afal trwchus
(tua 2–3 afal bwyta)

Digon i wneud 12 o fysedd uwd

1. Dechreuwch drwy wneud y piwre afal. Peidiwch â phlicio'r afalau (mae yna lot o faeth yn y croen), ond torrwch y canol allan, a thorri'r afalau'n ddarnau.
2. Dwi'n hoffi stemio'r afalau, ond fe allwch chi eu coginio mewn sosban hefyd. Fe ddylai gymryd 15–20 munud nes eu bod yn feddal. Yna defnyddiwch brosesydd bwyd i'w malu'n llyfn.
3. Gadewch i'r piwre oeri rhywfaint.
4. Cynheswch y popty i 180°C / Ffan 160°C / Nwy 4 a leinio tun pobi â phapur gwrthsaim.
5. Cymysgwch yr holl gynhwysion nes bod popeth yn dod at ei gilydd i ffurfio toes llyfn.
6. Torrwch belen fach oddi ar y toes a'i rholio'n sosej rhyw 2 fodfedd o hyd gyda'ch llaw. Rhowch hi ar y tun pobi a'i gwasgu'n fflat. Mae angen i'r bisgedi fod yn ddigon mawr i fabi allu dal un yn ei ddwrn wrth fwydo'i hun, ond ddim yn rhy fawr, rhag ofn iddo ei rhoi yn ei geg ar unwaith.
7. Gwnewch yr un peth â gweddill y toes, gan sicrhau bod digon o le rhwng pob bisged.
8. Coginiwch am 25–30 munud nes eu bod yn euraidd ac yn galed.
9. Gadewch i'r bisgedi oeri ar rwyll fetel.

Crempogau tatws melys

Fe fydd plant bach a mawr wrth eu boddau â'r crempogau tatws melys yma. Maen nhw'n frecwast neu'n ginio perffaith ar gyfer plant sy'n dechrau bwyta â'u dwylo, ond fe fyddan nhw hefyd yn plesio plant hŷn wedi'u gweini yn bentwr mawr gyda ffrwythau a surop neu iogwrt ar eu pennau. Nid yn unig mae'r rhain yn blasu'n hyfryd, ond maen nhw'n dda i chi hefyd, gan fod tatws melys yn llawn maeth a fitaminau. Os ydych yn coginio'r tatws y noson cynt, a'u rhoi yn yr oergell, mae'n bosib paratoi'r crempogau ymhen dim yn y bore.

100g o datws melys wedi'u coginio (tua un daten fach)
100g o flawd plaen
½ llwy de o bowdr codi
½ llwy de o soda pobi
½ llwy de o sinamon mâl
1 wy
100ml o laeth
Ychydig o fenyn i ffrio

Digon i wneud 10–12 crempogen

1. Cynheswch y popty i 220°C / Ffan 200°C / Nwy 8 a rhostio'r tatws melys am awr nes eu bod yn feddal.
2. Gadewch iddyn nhw oeri, cyn tynnu'r croen a stwnsio'r cnawd.
3. Rhowch gnawd y tatws mewn prosesydd bwyd neu *blender* gyda'r holl gynhwysion eraill a chymysgu nes bod y cyfan yn llyfn.
4. Toddwch ychydig o fenyn mewn padell ffrio dros dymheredd cymedrol a rhoi lond llwy bwdin o'r cymysgedd yn y badell ar gyfer pob crempog.
5. Coginiwch am 2 funud ar bob ochr, nes eu bod yn euraidd.
6. Gwnewch yr un peth â gweddill y cymysgedd.

Fe fydd y rhain yn cadw yn yr oergell am gwpwl o ddiwrnodau os ydych am eu bwydo i'ch babi yn oer. Fe allwch eu rhewi hefyd, a'u dadmer ar dymheredd ystafell.

'Nid yn unig mae'r rhain yn blasu'n hyfryd,
ond maen nhw'n dda i chi hefyd...'

Ffriters llysiau

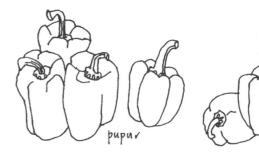

pupur

Gallwch guddio pob math o lysiau yn y ffriters hyn ac fe fydd plant (ac oedolion) yn dal yn hapus i'w llowcio. Mae'r rhain yn llawn llysiau iachus, ac yn faint perffaith i ddwylo bychan eu dal, felly maen nhw'n ddelfrydol ar gyfer plant a babis sy'n dechrau bwydo eu hunain. Dwi wedi rhoi corbwmpen, pupur coch a chorn melys yn fy rhai i, ond mewn gwirionedd fe allwch chi ddefnyddio unrhyw lysiau sydd wrth law. Byddai cyfuniad o datws melys a moron neu bys yn flasus hefyd, a beth am ychwanegu perlysiau fel mint neu goriander? Defnyddiwch beth bynnag sy'n llechu yng ngwaelod yr oergell ar y pryd. Mae'r rhain ar eu gorau yn gynnes o'r badell, ond fe fydd babis yn fwy na hapus i'w bwyta'n oer hefyd.

1 gorbwmpen
½ pupur coch
1 sibwnsen
½ tun o gorn melys
100g o flawd codi
10g o gaws Parmesan
1 wy
1 llwy fwrdd o olew olewydd i ffrio

Digon i wneud 7–8 ffriter

1. Gratiwch y gorbwmpen a'r pupur a thorri'r sibwnsen yn fân a'u rhoi mewn powlen gyda'r corn melys, y blawd a'r Parmesan wedi'i gratio. Cymysgwch yn dda.
2. Gwnewch bant yn y canol cyn ychwanegu'r wy, a chymysgu nes bod yr holl gynhwysion wedi'u cyfuno'n llwyr.
3. Cynheswch badell ffrio dros dymheredd isel ac ychwanegu'r olew olewydd. Rhowch lond llwy bwdin o'r cymysgedd llysiau yn y badell a choginio'r ffriters am 3–5 munud, nes eu bod yn dechrau lliwio. Yna trowch nhw drosodd a'u coginio am 3–5 munud arall.
4. Rhowch y ffriters wedi'u coginio ar blât wedi'i leinio â phapur cegin. Daliwch ati i'w coginio nes eich bod wedi defnyddio'r holl gytew.
5. Bwytewch nhw'n gynnes, wedi'u gweini ag ychydig o hwmws, *tzatziki* neu hyd yn oed iogwrt plaen.

Ffritatas bach

Os ydych chi eisiau cinio cyflym i'r plant, mae'r ffritatas yma'n syml, yn flasus ac yn siŵr o blesio. Maen nhw'n hyfryd yn gynnes o'r popty, ond yr un mor neis yn oer mewn bocs bwyd.

4 wy
35g o ham wedi'i dorri'n fân
30g o gaws wedi'i gratio
35g o bys wedi'u rhewi
Menyn neu olew i iro

Digon i wneud 6 ffritata bach

1. Cynheswch y popty i 200°C / Ffan 180°C / Nwy 6 ac iro tun myffins â menyn neu olew.
2. Craciwch yr wyau i mewn i bowlen a'u curo'n dda â fforc.
3. Ychwanegwch yr ham, y caws a'r pys wedi'u rhewi a chymysgu.
4. Llenwch y tyllau yn y tun nes eu bod yn ¾ llawn.
5. Coginiwch am 12–15 munud, nes eu bod yn barod.

Crempogau afal a llus

Mae crempogau'n fwyd delfrydol ar gyfer plant bach sy'n dechrau bwydo eu hunain. Mae'r rhain yn llawn afal a llus, felly maen nhw'n flasus ac yn faethlon. Bydd y teulu cyfan eisiau'r rhain i frecwast. Mae crempogau bach fel hyn yn rhewi'n dda, felly gwnewch fwy nag sydd angen pan fydd gennych amser. Maen nhw'n dadmer yn gyflym, neu os ydych chi ar frys mawr gallwch eu taro yn y meicrodon neu'r tostiwr.

llus

120g o flawd gwenith cyflawn
1 llwy de o bowdr codi
½ llwy de o soda pobi
100ml o laeth
1 wy
50g o afal wedi'i gratio
55g o lus
Menyn i ffrio

Digon i wneud tua 10 crempogen fach

1. Cymysgwch y blawd, y powdr codi a'r soda pobi mewn powlen.
2. Gwnewch bant yn y canol ac ychwanegu'r llaeth a'r wy. Gyda chwisg law, cymysgwch bopeth yn ofalus nes eu bod wedi'u cyfuno'n llwyr. Dylai'r cymysgedd fod yn weddol drwchus.
3. Ychwanegwch yr afal wedi'i gratio a'r llus a chymysgu eto'n ofalus â llwy bren.
4. Toddwch ychydig o fenyn mewn padell ffrio ar dymheredd cymedrol a rhoi llond llwy bwdin o'r cymysgedd yn y badell ar gyfer pob crempog.
5. Coginiwch am 2 funud ar bob ochr, nes eu bod yn euraidd.
6. Gwnewch yr un peth â gweddill y cymysgedd.

afalau

Pwdin reis

Mae pwdin reis yn un o fy hen ffefrynnau, ac mae'n dod ag atgofion melys yn ôl o'r cyfnod pan oedd fy mam yn ei wneud i ni ar ôl cinio dydd Sul. Heb y siwgr, mae hefyd yn berffaith ar gyfer plant bach, a gydag ychydig o rin fanila a ffrwythau ffres neu ffrwythau wedi'u stiwio am ei ben mae yr un mor flasus hefyd.

55g o reis pwdin
300ml o laeth
½ llwy de o rin fanila

1. Rhowch y reis, y llaeth a'r fanila mewn sosban.
2. Pan fydd y llaeth yn dechrau berwi, trowch y gwres i lawr, rhoi caead ar y sosban a gadael i'r cyfan fudferwi am 30 munud.
3. Trowch yn achlysurol nes bod y reis wedi coginio a'r llaeth yn drwchus fel hufen.
4. Gallwch ei weini â ffrwythau ffres, neu ffrwythau wedi'u stiwio.

Myffins bach afal a mwyar

Mae'r myffins yma'n berffaith ar gyfer babis sy'n dechrau bwyta, gan nad oes unrhyw siwgr ynddyn nhw o gwbl. Yn hytrach, daw'r melysrwydd o'r afalau a'r mwyar. Os nad ydych yn gallu cael gafael ar fwyar, mae mafon yn hyfryd hefyd. Roedd fy mab wrth ei fodd â'r rhain pan oedd yn iau, a thra oedd yn dysgu bwyta fe fyddwn yn eu gwneud yn ddigon bach iddo allu eu dal ei hun.

150g o flawd plaen
1 llwy de o bowdr codi
75ml o laeth
75g o stwnsh afal
50g o fwyar duon

afalau

Digon i wneud 12 myffin bach

1. Cynheswch y popty i 180°C / Ffan 160°C / Nwy 4 ac iro tun myffins bach neu dun tartenni bach â menyn.
2. Cymysgwch y blawd a'r powdr codi mewn powlen gan wneud pant yn y canol.
3. Yna ychwanegwch y llaeth a'r afal, a chymysgu'n eithaf cyflym ond yn ysgafn.
4. Peidiwch â gorgymysgu – mae angen ychydig o lympiau o flawd i osgoi cael myffins trwm.
5. Ychwanegwch y mwyar a'u plygu i mewn i'r cymysgedd yn ofalus.
6. Rhowch lond llwy de o'r cymysgedd ym mhob twll, a'u coginio am 15 munud, nes eu bod wedi codi ac yn euraidd.
7. Gadewch iddyn nhw oeri yn y tun am ychydig funudau cyn eu trosglwyddo i rwyll fetel i oeri'n llwyr.
8. Fe fydd y rhain yn cadw am ychydig ddyddiau mewn bocs a chaead arno, ond maen nhw hefyd yn rhewi'n dda, felly rhowch rai mewn bag plastig ac fe allwch eu dadmer yn ôl yr angen.

mwyar

POBI Â LLAI O SIWGR

Feddyliais i erioed y byddwn i'n coginio heb siwgr. Dwi erioed wedi bod y math o berson fyddai'n cael gwared ar siwgr, neu unrhyw beth arall, o fy neiet yn llwyr. Ychydig bach o bopeth yw fy nghred i. Ond, wrth gwrs, fe newidiodd hynny i gyd pan ddechreuais i bobi ar gyfer fy mhlentyn.

Roeddwn i eisiau sicrhau bod fy mab yn cael bwyd iach a chytbwys, ac yn awyddus i osgoi cyflwyno gormod o siwgr am gyn hired â phosib. Roeddwn i'n gwybod yn iawn mor sydyn y deuai'r amser pan na fyddai modd osgoi danteithion melys. Y ffordd orau o sicrhau bod cyn lleied o siwgr â phosib yn neiet eich plentyn yw trwy bobi eich cacennau, pwdinau a bisgedi eich hun a'u melysu yn naturiol â ffrwythau, surop masarn neu fêl. Ond mae'n bwysig cofio na ddylid rhoi mêl i blant dan flwydd oed.

I fod yn onest, dydy'r danteithion yma ddim yn mynd i blesio pawb. Mae'r gŵr wedi troi ei drwyn ar nifer o'r ryseitiau – cacennau dim hwyl mae o'n eu galw nhw! Ond maen nhw'n berffaith ar gyfer plant bach, sydd ddim angen a ddim wedi arfer â chymaint o siwgr â ni. Wedi dweud hynny, dwi'n hoffi llawer o'r bwydydd yma fy hun, ac mae gen i ddant melys, felly peidiwch â bod ofn eu trio.

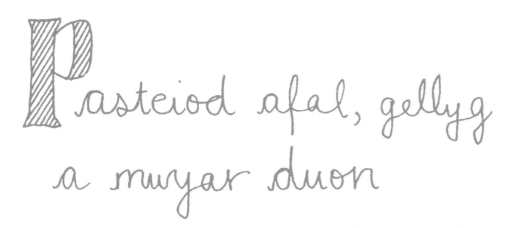

Pasteiod afal, gellyg a mwyar duon

afalau

mwyar

Mae'r pasteiod blasus yma'n fy atgoffa o'r crymbl y byddai fy mam yn ei wneud ar ôl i ni fod yn hel mwyar duon, â'n dwylo a'n cegau wedi'u staenio'n biws. Gan fod tymor mwyar duon mor fyr dwi'n hoffi casglu gormodedd pan maen nhw'n llenwi'r gwrychoedd, a'u rhewi nhw. Mae'r ffrwythau mor felys yn naturiol, does dim ond angen ysgeintio'r mymryn lleiaf o siwgr ar ben y toes, a does dim rhaid ei gynnwys o gwbl os ydych yn rhoi'r rhain i'r plant lleiaf.

1 afal
1 ellygen
½ llwy de o rin fanila
50g o fwyar duon (ffres neu wedi'u rhewi)
1 paced o grwst pwff wedi'i rolio'n barod
1 wy wedi'i guro
Ychydig o siwgr i'w ysgeintio

Digon i wneud 4 pastai

1. Cynheswch y popty i 220°C / Ffan 200°C / Nwy 7.
2. Pliciwch yr afal a'r ellygen a thorri'r canol allan, yna torrwch nhw'n ddarnau eithaf bach.
3. Rhowch nhw mewn sosban gyda'r rhin fanila a'u coginio ar dymheredd isel am 5–10 munud nes eu bod yn feddal. Yna tynnwch y sosban oddi ar y gwres, ychwanegu'r mwyar a'u cyfuno â llwy.
4. Gadewch iddyn nhw oeri'n llwyr.
5. Rholiwch y toes a'i dorri'n 4 sgwâr.
6. Brwsiwch ychydig o'r wy o amgylch ochrau pob sgwâr. Fe fyddwch yn plygu'r toes i ffurfio siâp triongl, felly rhowch lond llwyaid o'r ffrwythau ar un hanner y triongl toes, gan gadw lle o amgylch yr ochrau. Plygwch y toes yn ei hanner yn driongl, gan selio'r ochrau drwy bwyso i lawr arnynt â fforc.
7. Gwnewch dwll bychan yn y top â chyllell er mwyn gadael y stêm allan. Brwsiwch ag wy ac ysgeintio ag ychydig o siwgr.
8. Rhowch y pasteiod ar dun pobi wedi'i leinio â phapur gwrthsaim a choginio am 15 munud, nes bod y toes wedi codi ac yn euraidd.
9. Rhowch nhw ar rwyll fetel i oeri.

gellyg

Cacennau bach banana

Fe fydd plant bach a mawr yn mwynhau'r cacennau bach banana yma, ac maen nhw mor hawdd i'w gwneud fel y byddan nhw'n gallu helpu hefyd. Dwi'n ychwanegu darnau o siocled os ydw i'n eu gwneud ar gyfer plant hŷn, ond does dim rhaid eu cynnwys i blant llai. Fydd y rysáit yma ddim yn gweithio os defnyddiwch fananas melyn – rydych chi angen y rhai brown sydd wedi bod yn eistedd yn y bowlen ffrwythau am ychydig yn rhy hir. Mae'r bananas yma'n llawn siwgr naturiol, sy'n golygu na fydd angen ychwanegu llawer mwy eich hun.

3 banana
2 wy
40g o siwgr brown golau
75ml o olew had rêp neu olew llysiau
1 llwy de o rin fanila
80g o flawd gwenith cyflawn
100g o flawd plaen
1 llwy de o bowdr codi
25g o ddarnau siocled (opsiynol)

Digon i wneud 12 cacen fach neu 6 thorth fach

1. Cynheswch y popty i 180°C / Ffan 160°C / Nwy 4 a rhoi cesys cacennau bach mewn tun. Os ydych am wneud torthau bach, defnyddiwch gesys papur pwrpasol a'u rhoi ar dun pobi.
2. Rhowch y bananas mewn powlen a'u stwnsio â fforc.
3. Ychwanegwch yr wyau, y siwgr, yr olew a'r fanila a'u cymysgu'n dda.
4. Yna ychwanegwch y ddau fath o flawd a'r powdr codi a'u plygu i mewn â llwy neu *spatula* nes bod popeth wedi cymysgu. Ychwanegwch y siocled os ydych yn ei ddefnyddio.
5. Rhannwch y cymysgedd rhwng y cesys nes eu bod yn ¾ llawn.
6. Coginiwch am 20 munud nes eu bod yn euraidd.
7. Gadewch iddyn nhw oeri ar rwyll fetel.

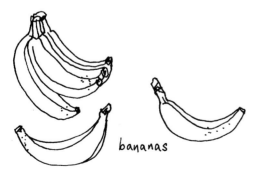

bananas

Cacennau bach moron

Pan oedd fy mab yn fychan roeddwn i'n awyddus iawn i osgoi gormod o siwgr, gan wybod y byddai hynny'n mynd yn fwy anodd yn ddigon buan. Ond fel rhywun sy'n pobi o hyd, roeddwn i hefyd eisiau rhoi cacen fach iddo o dro i dro. Roedd o wrth ei fodd yn blasu cacen am y tro cyntaf, ac er bod cyn lleied o siwgr ynddyn nhw, dwi'n hoffi'r rhain hefyd. Os ydych chi eisiau eu gwneud nhw ychydig bach yn fwy melys, yna fe allwch chi ychwanegu mwy o surop masarn.

140g o foron wedi'u gratio
100g o binafal wedi'i dorri'n fân
1 wy
55ml o olew had rêp
2 lwy fwrdd o surop masarn
75g o flawd plaen gwenith cyflawn
75g o flawd codi gwenith cyflawn
½ llwy de o soda pobi
½ llwy de o sbeis cymysg

Digon i wneud 8 cacen fach

Moron

1. Cynheswch y popty i 180°C / Ffan 160°C / Nwy 4 a llenwch dun cacennau bach â chesys papur.
2. Rhowch y moron, y pinafal, yr wy, yr olew a'r surop masarn mewn powlen a chymysgu'r cyfan â llwy.
3. Yna ychwanegwch y ddau fath o flawd, y soda pobi a'r sbeis cymysg. Cymysgwch yn dda â llwy.
4. Llenwch y cesys â'r cymysgedd, a phobi'r cacennau am 20–25 munud.
5. Gadewch iddyn nhw oeri ar rwyll fetel.

'...er bod cyn lleied o siwgr ynddyn nhw, dwi'n hoffi'r rhain hefyd.'

Cacennau cnau coco a mafon

Pan ddechreuodd fy mab fwyta bwyd solet roedd wrth ei fodd â'r cacennau bach yma. Er mai dim ond y mymryn lleiaf o surop masarn sydd ynddyn nhw, roedd yr afal a'r mafon yn eu gwneud nhw'n hen ddigon melys at ei ddant o. Dydy plant bach ddim angen llawer o siwgr o gwbl, ond os ydych chi eisiau gwneud y rhain ar gyfer plant hŷn sydd â dant ychydig yn fwy melys, yna ychwanegwch ychydig bach mwy o surop masarn. A gwnewch yn siŵr eu bod yn cael helpu – mae'r rhain yn hawdd iawn i blant o bob oed eu gwneud.

125ml o iogwrt
75ml o laeth
1 wy
½ llwy de o rin fanila
15g o surop masarn
150g o flawd gwenith cyflawn
1 llwy de o bowdr codi
1 afal wedi'i gratio
40g o gnau coco (ac ychydig mwy i'w ysgeintio am eu pennau)
50g o fafon

1. Cynheswch y popty i 180°C / Ffan 160°C / Nwy 4 a leinio tun myffins â chesys papur.
2. Rhowch yr iogwrt, y llaeth, yr wy, y fanila a'r surop masarn mewn powlen a'u cymysgu'n dda.
3. Yna, mewn powlen arall, cymysgwch y blawd, y powdr codi, yr afal a'r cnau coco.
4. Ychwanegwch y cynhwysion gwlyb at y cynhwysion sych a'u cymysgu'n ysgafn, cyn plygu'r mafon i mewn.
5. Gofalwch beidio â gorgymysgu, neu fe fydd y cacennau dipyn bach yn drwm. Does dim ots os ydych yn gallu gweld lympiau bach o flawd o hyd.
6. Llenwch y cesys papur â'r cymysgedd ac ysgeintio ychydig o gnau coco ar ben pob un, cyn eu coginio am 20 munud.
7. Pan fydd y cacennau wedi codi ac yn euraidd, tynnwch nhw allan o'r tun a'u gadael i oeri ar rwyll fetel.

Gallwch rewi'r rhain, naill ai wedi'u lapio mewn *cling film* neu mewn bagiau bach plastig, a'u tynnu allan i'w dadmer ar dymheredd ystafell yn ôl yr angen.

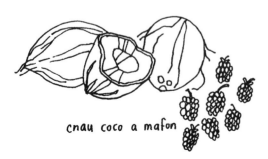

cnau coco a mafon

Sêr caws a bricyll

Mae'r sêr yma'n edrych yn drawiadol iawn ond yn llawer haws i'w gwneud nag y byddai rhywun yn ei feddwl. Os oes gennych chi'r amser a'r amynedd gallwch wneud eich crwst pwff eich hun, ond does dim rhaid – mae paced o grwst pwff llawn menyn o'r siop yn ddigon da, ac yn arbed llawer iawn o amser.

100g o gaws meddal
½ llwy de o rin fanila
Croen ½ lemon wedi'i gratio
15g o siwgr mân
1 paced o grwst pwff
4 hanner bricyll o dun
1 wy

Digon i wneud 4 seren gaws

1. Cynheswch y popty i 200°C / Ffan 180°C / Nwy 6 a leinio tun pobi â phapur gwrthsaim.
2. Rhowch y caws meddal, y rhin fanila, y croen lemon a'r siwgr mewn powlen a'u cymysgu'n dda â llwy.
3. Rholiwch y crwst pwff a'i dorri'n 4 sgwâr hafal.
4. Rhowch y sgwariau toes ar y tun pobi a rhoi llond llwy de o'r cymysgedd caws yng nghanol pob sgwâr. Rhowch hanner bricyll ar ben pob un, â'r ymyl sydd wedi'i dorri yn wynebu am i lawr.
5. Yna, gyda chyllell finiog, torrwch bedair llinell yn y toes yn arwain o'r bricyll i bob cornel.
6. Plygwch hanner pob cornel i mewn tuag at y bricyll, gan ei bwyso i lawr ar y toes wrth ochr y bricyll.
7. Chwisgiwch yr wy yn ysgafn â fforc a'i frwsio dros y toes i gyd.
8. Coginiwch am 12–14 munud, nes bod y toes wedi codi ac yn euraidd.
9. Gadewch iddyn nhw oeri ar rwyll fetel.

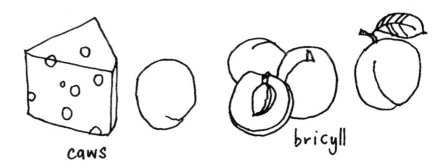

caws

bricyll

Fflapjacs moron a bricyll

Roeddwn i'n gwneud y rysáit yma'n aml pan oedd fy mab yn fychan. Mae fflapjacs yn berffaith ar gyfer dwylo bach, ac yn handi i'w taflu i mewn i fag er mwyn eu bwyta tra eich bod chi allan. Ond dwi hefyd yn hoff iawn o'r rhain fy hun, ac yn aml yn mynd â nhw i'r gwaith i'w bwyta ganol bore er mwyn fy nghadw i fynd tan amser cinio. Mae yna rywfaint o surop masarn ynddyn nhw (gallwch roi llai i fabis bach) ond mae'r rhan fwyaf o'r melysrwydd yn dod o'r ffrwythau sych a'r moron. Felly, er nad ydyn nhw'n hollol ddi-siwgr, maen nhw'n llawer gwell na fflapjacs cyffredin.

100g o fricyll
150ml o ddŵr
80g o foron wedi'u gratio
200g o geirch

75g o resins
½ llwy de o sbeis cymysg
50g o fenyn wedi toddi
4 llwy fwrdd o surop masarn

1. Cynheswch y popty i 190°C / Ffan 170°C / Nwy 5 a leinio tun sgwâr 20cm x 20cm â phapur gwrthsaim.
2. Rhowch y bricyll a'r dŵr mewn sosban a'u gadael i fudferwi am 10 munud nes bod y bricyll yn feddal.

bricyll

moron

3. Yn y cyfamser, rhowch y moron, y ceirch, y rhesins a'r sbeis cymysg mewn powlen a'u cymysgu.
4. Rhowch y menyn a'r surop masarn yn y sosban gyda'r bricyll ac unrhyw ddŵr sy'n weddill, a chan ddefnyddio prosesydd bwyd llaw, malwch nhw'n fân nes eu bod yn llyfn.
5. Ychwanegwch y cymysgedd bricyll at y cynhwysion sych a'u cymysgu'n dda â llwy.
6. Rhowch y cymysgedd yn y tun a'i wasgu i lawr â chefn llwy.
7. Coginiwch am 20–25 munud nes bod yr ochrau'n dechrau edrych yn euraidd.
8. Gadewch iddo oeri yn y tun cyn ei dorri'n sgwariau.

Clafoutis ffrwythau

Pwdin cwstard wedi'i bobi yw *clafoutis* – pwdin gogoneddus sy'n cyfuno ffrwythau melys ond siarp â chwstard meddal. Yn draddodiadol, mae'r Ffrancwyr yn ei wneud â cheirios, ond gan fod tymor ceirios mor fyr dwi'n aml yn ei wneud â ffrwythau meddal eraill fel llus neu fafon.

80g o flawd plaen
30g o siwgr mân
2 wy
20g o fenyn heb halen wedi'i doddi

½ llwy de o rin fanila
200ml o laeth
150g o geirios neu ffrwythau eraill

Digon i wneud 4

1. Cynheswch y popty i 180°C / Ffan 160°C / Nwy 4.
2. Cymysgwch y blawd a'r siwgr mewn powlen.
3. Gwnewch bant yn y canol ac ychwanegu'r wyau, y menyn a'r fanila.
4. Dechreuwch chwisgio â chwisg law, gan dynnu'r blawd i mewn at yr wyau'n raddol.
5. Gan ddal ati i chwisgio, ychwanegwch y llaeth yn raddol nes ei fod wedi cyfuno'n llwyr.
6. Os ydych yn defnyddio ceirios torrwch nhw yn eu hanner a thynnu'r cerrig.
7. Rhannwch y ffrwythau rhwng y potiau *ramekin*, a thywallt y cwstard am eu pennau.
8. Coginiwch am 20 munud nes bod y cwstard wedi setio.
9. Dylid eu gweini'n gynnes, nid yn boeth.

Bisgedi banana a rhesins

Does yna ddim siwgr yn y bisgedi yma, ond eto maen nhw'n flasus iawn (hyd yn oed i rywun â dant melys fel fi), ac mae'r diolch am hynny i'r bananas. Mwyaf brown yw'r bananas, mwyaf melys fydd y bisgedi.

2 fanana aeddfed iawn
½ llwy de o rin fanila
40g o fenyn wedi toddi
100g o geirch
50g o almonau mâl

50g o flawd plaen
½ llwy de o sinamon mâl
½ llwy de o bowdr codi
50g o resins

Digon i wneud 12 bisged

1. Cynheswch y popty i 180°C / Ffan 160°C / Nwy 4 a leinio tun pobi â phapur gwrthsaim.
2. Rhowch y bananas mewn powlen a'u stwnsio â fforc.
3. Ychwanegwch y rhin fanila a'r menyn at y bananas a chymysgu.
4. Ychwanegwch yr holl gynhwysion eraill a'u cymysgu'n dda.
5. Rhowch lond llwy bwdin o'r cymysgedd ar y tun pobi a'i wasgu i lawr yn fflat i ffurfio siâp bisged.
6. Gwnewch yr un fath â gweddill y cymysgedd.
7. Coginiwch am 20–25 munud nes eu bod yn dechrau brownio.
8. Gadewch iddyn nhw oeri ar rwyll fetel.

bananas

rhesins

Strudel afal

Un o fy hoff bwdinau yw *strudel* afal; a minnau wedi bod yn byw yn Awstria dwi wedi bwyta rhai gogoneddus. Dyma fy fersiwn syml i, ac er y bydd pobl Awstria'n gwaredu, dwi'n siŵr, maen nhw'n dal i fod yn flasus iawn ac yn berffaith i blant o bob oed.

300g o afalau wedi'u plicio gyda'r canol wedi'i dorri allan

65g o resins

½ llwy de o sbeis cymysg

20g o siwgr brown golau

1 paced o does *filo*

50g o fenyn wedi toddi

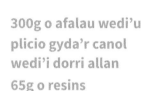

1. Cynheswch y popty i 200°C / Ffan 180°C / Nwy 6 ac iro tun myffins â menyn wedi toddi.
2. Torrwch yr afalau'n fân a'u cymysgu â'r rhesins, y sbeis a'r siwgr.
3. Torrwch y toes yn sgwariau tua 15cm x 15cm (yn fwy na maint y tyllau yn y tun, gan fod eisiau digon i blygu'r toes dros ben y llenwad a ffurfio caead).
4. Brwsiwch bob sgwâr â menyn a rhoi 3 haen yn gorgyffwrdd ym mhob twll.
5. Llenwch â'r cymysgedd afal a phlygu'r toes dros yr afalau. Peidiwch â phoeni am fod yn daclus o gwbl.
6. Brwsiwch ag ychydig yn fwy o fenyn cyn eu coginio am 20 munud, nes eu bod yn euraidd a chrensiog.
7. Gadewch iddyn nhw oeri rhywfaint yn y tun cyn eu tynnu allan. Bwytewch nhw'n gynnes neu'n oer.

POBI CYDA PHLANT

Dwi wrth fy modd yn coginio yng nghwmni plant, a dwi hefyd wedi ffeindio bod y rhan fwyaf o blant yn mwynhau'r cyfle i ddangos eu creadigrwydd yn y gegin. Beth sy'n well na chyfle i chwarae, arbrofi, blasu a throchi eich dwylo? Ac ar ddiwedd y broses daw'r boddhad o fod wedi creu rhywbeth blasus i'w fwyta.

Mae coginio hefyd yn ffordd wych o ddysgu: boed hynny am fwydydd newydd, o ble mae cynhwysion yn dod a sut i'w cyfuno, neu sut i wneud rhywbeth hyfryd ac iachus. Mae'n ymarfer darllen da, ac wrth bwyso a mesur mae yna gyfle i ddysgu am rifau ac i gyfrif. A bydd pobi'n dipyn o wers gemeg hefyd, wrth iddyn nhw weld sut mae cynhwysion digon syml, o'u cyfuno yn y ffordd iawn, yn tyfu ac yn ehangu i greu rhywbeth hollol wahanol.

Mae'r ryseitiau yn y bennod hon yn ddigon syml i fod yn gyflwyniad da i bobi i unrhyw blentyn. Ond peidiwch â theimlo bod angen i chi gyfyngu eich hun i'r ryseitiau yma'n unig. Yn sicr, mae yna bleser mewn gwneud cacennau a phethau melys, ond mae yna fwynhad i'w gael o wneud prydau bob dydd, felly gadewch iddyn nhw helpu gyda rhai o'r ryseitiau eraill yn y llyfr hefyd. Mae fy mab i yn llawer mwy parod i drio rhywbeth newydd os ydy o wedi bod yn rhan o'r broses o'i wneud. Ac os ydyn nhw'n rhy ifanc i helpu, fe fyddan nhw'n dal i ddysgu o'ch gwylio chi'n coginio ac wrth i chi siarad am yr hyn rydych chi'n ei weld, ei arogli a'i flasu.

Mae coginio gyda phlant yn sicr yn lot o hwyl, ond dwi ddim yn mynd i honni ei fod yn brofiad ymlaciol. Mae angen llond trol o amynedd, a byddwch yn barod am lot o lanast. Ond triwch adael iddyn nhw wneud cymaint ag y gallan nhw eu hunain.

Rholiwch eu llewys, rhowch ffedog amdanynt a gadewch iddyn nhw wneud tipyn bach o lanast. Fe fyddan nhw wrth eu boddau.

Sgons caws

Mae sgons caws yn rysáit berffaith os ydych chi'n awyddus i ddechrau pobi gyda'ch plant. Dydyn nhw ddim yn rhy gymhleth ac fe fydd y plant wrth eu boddau'n torchi eu llewys a baeddu eu dwylo wrth rwbio'r menyn i mewn i'r blawd. Mae'r sgons hefyd yn rhywbeth gwahanol i'w roi yn eu bocs bwyd yn hytrach na'r brechdanau arferol.

230g o flawd codi
1 llwy de o bowdr codi
50g o fenyn heb halen
50g o gaws Cheddar wedi'i gratio
1 sibwnsen wedi'i thorri'n fân
130ml o iogwrt plaen
1 wy wedi'i guro

Digon i wneud 6–7 sgon

1. Cynheswch y popty i 200°C / Ffan 180°C / Nwy 6 a leinio tun pobi â phapur gwrthsaim.
2. Cymysgwch y blawd a'r powdr codi mewn powlen a thorri'r menyn yn ddarnau bach cyn eu rhwbio i mewn i'r blawd â blaenau eich bysedd nes bod y cymysgedd yn edrych fel briwsion.
3. Ychwanegwch y caws a'r sibwnsen a'u cymysgu â llaw.
4. Yna gwnewch bant yn y canol ac ychwanegu'r iogwrt. Cymysgwch y cyfan â chyllell (er mwyn osgoi gorgymysgu) nes bod y toes yn feddal. Os yw'n edrych yn rhy sych, ychwanegwch sblash o laeth.
5. Ysgeintiwch ychydig o flawd ar y bwrdd a rholio'r toes nes ei fod yn fodfedd o drwch. Gofalwch beidio â thylino na chwarae'n ormodol â'r toes, rhag ofn i'r sgons fod yn drwm.
6. Torrwch siâp y sgons â thorrwr crwn 5cm, a'u rhoi ar y tun pobi.
7. Brwsiwch y topiau ag ychydig o wy wedi'i guro a'u coginio am 18–20 munud, nes eu bod wedi codi ac yn euraidd.
8. Rhowch nhw i oeri ar rwyll fetel.

'Ysfalwch keidio â
gorgymysgu neu
fe fydd y myffins
yn drwm.'

Myffins afal

Gallwch roi'r myffins yma i'r plant heb deimlo'n rhy euog, achos does yna ddim llawer o siwgr ynddyn nhw, yn enwedig o'u cymharu â'r rhai rydych chi'n eu prynu mewn siop. Ond dwi'n addo eu bod nhw'n dal i fod yn flasus, ac fe fyddwch chi eisiau dwyn un i gael gyda'ch paned hefyd!

100g o flawd plaen
100g o flawd gwenith cyflawn
2 lwy de o bowdr codi
80g o siwgr mân
1 llwy de o sinamon
90ml o laeth
80ml o olew llysiau
1 wy
½ llwy de o rin fanila
200g o afal (tua 3 afal) wedi'u plicio a'u torri'n fân
60g o resins

Digon i wneud 12

1. Cynheswch y popty i 200°C / Ffan 180°C / Nwy 6 a leinio tun myffins â 12 cas papur.
2. Cymysgwch y ddau fath o flawd, y powdr codi, y siwgr mân a'r sinamon â llwy mewn powlen fawr.
3. Mewn jwg, cymysgwch y llaeth, yr olew, yr wy a'r fanila a'u hychwanegu at y cynhwysion sych.
4. Cymysgwch y cyfan yn ysgafn cyn ychwanegu'r afal a'r rhesins, a chymysgu eto nes bod popeth wedi cyfuno. Gofalwch beidio â gorgymysgu neu fe fydd y myffins yn drwm.
5. Rhannwch y cymysgedd rhwng y cesys papur a'u coginio am 20 munud.
6. Gadewch iddyn nhw oeri yn y tun am ychydig funudau, cyn eu rhoi ar rwyll fetel i oeri'n llwyr.

Y crempogau gorau

Rydyn ni wrth ein boddau yn cael crempogau i frecwast ar benwythnos yn ein tŷ ni, ac ar ôl trio sawl rysáit, dwi wedi penderfynu mai dyma'r un sy'n gwneud y crempogau gorau. Mae'r crempogau yma'n drwchus ond yn ysgafn ac yn flasus iawn. Gadewch i'r plant eich helpu i bwyso, mesur a chymysgu, ac ar ôl coginio'r crempogau gadewch i'r plant eu haddurno â ffrwythau wedi'u torri er mwyn creu wynebau gwirion. Mae'r rysáit yma'n gwneud tua 20 crempog bach, sy'n fwy na digon, felly dwi fel arfer yn rhoi unrhyw beth sy'n weddill yn y rhewgell ar gyfer brecwast sydyn rhyw fore arall.

200g o flawd codi
½ llwy de o soda pobi
3 llwy fwrdd o siwgr mân
300ml o laeth enwyn (neu 300ml o laeth a sudd 2 lemon)
2 wy
60g o fenyn heb halen wedi'i doddi ac ychydig yn fwy i iro'r badell ffrio

1. Rhowch y blawd, y soda pobi a'r siwgr mân mewn powlen.
2. Cymysgwch y llaeth enwyn, yr wyau a'r menyn mewn powlen arall.
3. Ychwanegwch y cynhwysion gwlyb at y cynhwysion sych a'u cymysgu'n ofalus â chwisg law nes bod y cymysgedd yn llyfn, heb unrhyw lympiau. Fe fydd y cymysgedd yn llawer mwy trwchus na chytew crempogau arferol.
4. Irwch y badell ffrio ag ychydig bach o fenyn, a rhowch lond llwyaid o'r cymysgedd yn y badell ar gyfer pob crempog.
5. Ffrïwch y crempogau ar dymheredd cymedrol am 2 funud, yna trowch nhw drosodd a'u coginio am 2 funud arall nes eu bod yn euraidd.
6. Rhowch y crempogau mewn popty cynnes tra eich bod yn coginio gweddill y cymysgedd.

Bara soda rhesins

Os ydych chi eisiau i'ch plant brofi'r pleser o wneud bara, ond heb yr holl waith tylino caled, yna mae gwneud bara soda yn lle gwych i ddechrau. Mae'n syml a chyflym iawn, felly'n ddelfrydol ar gyfer pobl fach ddiamynedd. Ond mae'n dal yn gyfle iddyn nhw faeddu eu dwylo trwy gymysgu a siapio'r toes, ac fe fydd gennych fara ffres yn barod i'w fwyta mewn llai nag awr. Dwi wrth fy modd â chyfuniad o resins melys ac ychydig o sbeis cymysg yn fy mara soda i, ond does dim rhaid eu cynnwys os ydych chi eisiau torth fwy sawrus.

450g o flawd plaen gwenith cyflawn
1 llwy de o soda pobi
½ llwy de o halen
25g o siwgr brown golau
½ llwy de o sbeis cymysg
80g o resins
350ml o laeth enwyn

1. Cynheswch y popty i 200ºC / Ffan 180ºC / Nwy 6 a leinio tun pobi â phapur gwrthsaim.
2. Rhowch yr holl gynhwysion sych mewn powlen a'u cymysgu.
3. Yna gwnewch bant yn y canol a thywallt y llaeth enwyn i mewn.
4. Cymysgwch â llwy neu â'ch dwylo nes bod y toes yn dod at ei gilydd, ond peidiwch â thylino na chwarae â'r toes yn ormodol.
5. Ysgeintiwch ychydig o flawd ar y bwrdd, tynnu'r toes o'r bowlen a'i siapio i ffurfio torth gron.
6. Rhowch y toes ar y tun, a gyda chyllell fara, torrwch groes ddofn ar y dorth (bron, ond ddim cweit, i'r gwaelod). Bydd hyn yn sicrhau bod y bara'n coginio'n hafal drwyddo.
7. Ysgeintiwch ag ychydig o flawd cyn coginio am 30 munud, nes bod y dorth yn dechrau brownio ac yn swnio'n wag wrth i chi daro ei gwaelod.
8. Tynnwch oddi ar y tun a gadael i'r bara oeri ar rwyll fetel.

bara soda rhesins

Macarŵns cnau coco

Dydy'r rhain ddim yn ffasiynol iawn y dyddiau hyn, ac maen nhw'n wahanol i'r *macarons* Ffrengig prydferth sydd i'w gweld ym mhob *patisserie* gwerth chweil. Ond mae gen i atgofion melys o wneud y rhain fel plentyn, ac wedyn o fwyta llawer gormod ohonyn nhw. Bydd plant iau angen help i chwisgio'r wyau, ond fel arall maen nhw'n hawdd iawn i'w gwneud. Roeddwn i wastad yn mwynhau trochi fy nwylo wrth siapio'r macarŵns, ac yn cael pleser mawr o lyfu fy mysedd gludiog, melys.

400g o flawd cnau coco
350g o laeth cyddwys
1 llwy de o fanila
2 wynnwy
Pinsied o halen
100g o siocled tywyll

1. Cynheswch y popty i 180°C / Ffan 160°C / Nwy 4 a leinio tun pobi â phapur gwrthsaim.
2. Rhowch y blawd cnau coco, y llaeth cyddwys a'r fanila mewn powlen a'u cymysgu.
3. Chwisgiwch y gwynnwy a'r halen â chwisg drydan nes eu bod yn ffurfio pigau meddal.
4. Plygwch y gwynnwy i mewn i'r cymysgedd cnau coco â llwy, nes bod yr holl gynhwysion wedi'u cyfuno.
5. Rhowch lond llwy de o'r cymysgedd fesul lwmp ar y tun a'u coginio am 25–30 munud, nes eu bod yn dechrau brownio ar y top.
6. Rhowch i oeri ar rwyll fetel.
7. Toddwch y siocled mewn meicrodon neu mewn powlen dros sosban o ddŵr berwedig.
8. Trochwch waelod y macarŵns yn y siocled cyn eu rhoi ar bapur gwrthsaim nes bod y siocled wedi setio.

Peli siocled

Mae'r peli siocled yma i'w cael ym mhob caffi yn Sweden ac yn ffefrynnau gan bobl o bob oed. A dydy hi'n ddim syndod mai dyma un o'r pethau cyntaf y mae plant Sweden yn ei goginio, achos dim ond cymysgu'r cynhwysion sydd angen ei wneud. Er, dwi'n eich rhybuddio chi, bob tro dwi'n gadael i'r mab helpu mae o, a'r gegin, yn bowdr siocled ac yn gnau coco i gyd. Ond mae yna hwyl mewn gwneud llanast, yn enwedig pan fo'r hyn sy'n cael ei greu yn y pen draw mor flasus. Yn draddodiadol mae yna goffi ynddyn nhw, ond os nad ydych chi eisiau cynnwys hwnnw fe wnaiff dŵr y tro hefyd.

100g o fenyn heb halen
80g o siwgr mân
1 llwy de o rin fanila
3 llwy fwrdd o bowdr coco
3 llwy fwrdd o goffi neu ddŵr poeth
170g o geirch
75g o gnau coco mâl

Digon i wneud 14–16 pelen fach

1. Rhowch y menyn, y siwgr a'r fanila mewn powlen a'u cymysgu â llwy.
2. Mewn powlen fechan arall, cymysgwch y powdr coco a'r coffi neu'r dŵr poeth i greu past. Gadewch iddo oeri rhywfaint cyn ei gyfuno â'r menyn a'r siwgr.
3. Ychwanegwch y ceirch a chymysgu'n dda.
4. Cymerwch lond llwy de fawr o'r cymysgedd a'i rolio yn eich dwylo i ffurfio pêl. Os yw'r cymysgedd yn rhy feddal, yna rhowch ef yn yr oergell am awr a thrio eto.
5. Rhowch y cnau coco mewn dysgl fas a rholio'r peli siocled nes eu bod wedi eu gorchuddio.
6. Cadwch y peli yn yr oergell mewn bocs a chaead arno.

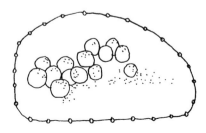

Pitsa

Mae'r rhan fwyaf o blant yn joio bwyta pitsa, ac fe fyddan nhw wrth eu boddau'n eich helpu chi i'w gwneud nhw hefyd. Felly torchwch eu llewys, rhoi ffedog amdanyn nhw a gadael iddyn nhw dylino'r toes. Wedyn, ar ôl rholio a siapio'r toes, fe allan nhw ddangos eu creadigrwydd drwy addurno eu pitsas eu hunain.

500g o flawd bara cryf
½ llwy de o halen
7g o furum
2 lwy fwrdd o olew olewydd
325ml o ddŵr llugoer
6 llwy fwrdd o saws tomato llawn llysiau cudd (rysáit ar dudalen 93)
Eich dewis chi o gig, llysiau a chaws i'w rhoi arnynt

Digon i wneud 6 pitsa bach

1. Rhowch y blawd mewn powlen fawr ac ychwanegu'r halen, y burum, yr olew a'r dŵr. Cymysgwch i ddod â'r toes at ei gilydd i ffurfio pelen.
2. Rhowch y belen ar y bwrdd a'i thylino am 5–10 munud nes bod y toes yn llyfn ac yn elastig.
3. Irwch bowlen lân ag ychydig o olew olewydd a rhowch y toes yn y bowlen. Gorchuddiwch y bowlen â *cling film* a gadael i'r toes godi am awr neu ddwy nes ei fod wedi dyblu mewn maint.
4. Unwaith y bydd wedi codi, rhowch y toes ar y bwrdd a tharo'r aer ohono, cyn ei rannu'n 6 darn hafal.
5. Cynheswch y popty i 240°C / Ffan 220°C / Nwy 9.
6. Ysgeintiwch y bwrdd â blawd a rholio'r toes yn gylchoedd mor denau â phosib.
7. Rhowch nhw ar dun pobi neu garreg bitsa a thaenu llond llwyaid o saws tomato am eu pennau cyn eu haddurno â'ch dewis chi o gig, llysiau a chaws.
8. Coginiwch am 12–15 munud, nes bod y crwst yn euraidd a'r caws wedi toddi.

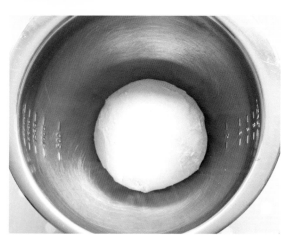

Weithiau byddaf yn dyblu'r cynhwysion ac, ar ôl gadael i'r toes godi, yn lapio unrhyw does sydd dros ben mewn *cling film* a'i rewi. Wedyn, pan fydda i eisiau pitsa sydyn, yr unig beth sydd angen ei wneud yw gadael i'r toes ddadmer ar dymheredd ystafell am tua 2 awr, addurno'r pitsas a'u coginio gan ddilyn y rysáit gyferbyn.

BWYTA FEL TEULU

Mae gen i atgofion hapus iawn am eistedd o gwmpas y bwrdd i fwyta fel teulu. Mae'n gyfle y dyddiau yma i anwybyddu'r teledu a thechnoleg ac i sgwrsio a mwynhau'r bwyd sydd o'ch blaenau. Dwi ddim am honni ei fod yn digwydd drwy'r amser yn ein tŷ ni. A'r gŵr a minnau'n gweithio oriau hir, dydy hynny ddim yn bosib bob dydd. Ond ar benwythnosau rydyn ni'n gwneud ymdrech i fwyta fel teulu gymaint ag y gallwn ni.

Dwi wedi sylwi bod y mab yn bwyta yn llawer gwell pan fyddwn ni i gyd yn eistedd i lawr i fwyta'r un amser. A dwi'n meddwl ei bod yn hollbwysig bod plant yn gweld oedolion yn mwynhau'r un bwyd â nhw. I fod yn onest, does gen i mo'r amser na'r amynedd i baratoi prydau gwahanol i bawb yn y teulu, felly fy mwriad yw creu ryseitiau sy'n ceisio plesio pawb.

Yn bersonol, dwi'n casáu meddwl am brydau gwahanol bob dydd, a dwi'n gwybod ei bod yn hawdd iawn dibynnu ar lond llaw o ryseitiau rydych chi'n eu gwneud yn aml. Felly, dwi'n gobeithio y bydd y llyfr yma yn cynnig rhywfaint o ysbrydoliaeth ar gyfer ryseitiau newydd, gan obeithio y bydd rhai o'r prydau iachus, syml a blasus yma yn dod yn ffefrynnau yn eich tŷ chi hefyd.

Mae'r ryseitiau'n addas ar gyfer plant o bob oed, ond os ydych chi'n eu gwneud ar gyfer plant dan flwydd oed fe fyddwn yn eich cynghori i ychwanegu'r halen ar ôl gweini eu pryd nhw, a defnyddio stoc heb halen pan fo angen. Peidiwch â theimlo bod rhaid dilyn y ryseitiau'n slafaidd. Defnyddiwch yr hyn sydd gennych chi yn yr oergell, ac os oes yna gynhwysion wedi eu rhestru nad ydy eich plant – neu eich cymar – yn eu hoffi, yna does dim rhaid eu cynnwys.

Cacennau tiwna a thatws melys

Mae'r cacennau pysgod yma yn gwneud swper perffaith i'r teulu cyfan. Dwi'n aml yn coginio'r tatws y noson cynt a'r unig beth sydd angen ei wneud y diwrnod wedyn yw cymysgu a ffrio'r cacennau. Mae'r rhain yn rhewi'n dda hefyd, felly os yw'r rysáit yn gwneud mwy nag sydd eu hangen ar gyfer un pryd, yna dilynwch y camau nes bod y cacennau pysgod wedi'u gorchuddio â semolina, yna rhowch y cacennau sy'n weddill yn y rhewgell mewn bocs plastig a chaead arno. Yna, pan fyddwch yn barod i'w bwyta, cynheswch y popty i 200°C / Ffan 180°C / Nwy 6 a rhoi'r cacennau pysgod ar dun pobi a'u coginio am 20 munud, nes eu bod wedi cynhesu'n llwyr.

tiwna

500g o datws melys
½ nionyn
½ pupur coch
Olew i ffrio
Tun 340g o diwna

50g o bys wedi'u rhewi
Llond dwrn o goriander ffres wedi'i dorri'n fân
100g o semolina

Digon i wneud 8–10 cacen bysgod

1. Cynheswch y popty i 200°C / Ffan 180°C / Nwy 6.
2. Prociwch y tatws melys â fforc, eu rhoi ar dun pobi a'u coginio yn y popty am 45 munud, nes eu bod yn feddal.
3. Tynnwch nhw o'r popty a'u rhoi i'r naill ochr i oeri rhywfaint.
4. Yn y cyfamser, torrwch y nionyn a'r pupur yn fân a'u ffrio mewn ychydig o olew, nes eu bod yn feddal.
5. Rhowch nhw mewn powlen ac ychwanegu cnawd y tatws melys, y tiwna, y pys (does dim angen eu dadmer) a'r coriander, a chymysgu popeth yn dda â llwy.
6. Cymerwch lond llwy fwrdd o'r cymysgedd a'i siapio yn eich dwylo.
7. Rhowch y semolina mewn dysgl fas a rhoi'r cacennau pysgod ynddi a'u gorchuddio'n llwyr â semolina.
8. Rhowch y cacennau pysgod yn yr oergell am o leiaf 30 munud – fe fydd hyn yn help i gadw eu siâp wrth goginio.
9. Cynheswch ychydig o olew mewn padell ar dymheredd cymedrol. Ychwanegwch y cacennau pysgod ychydig ar y tro a'u coginio am ryw 4–5 munud bob ochr, nes eu bod yn euraidd.

tatws
melys

Peli eog

Dyma'r pryd dwi'n ei wneud y diwrnod cyn i fi fynd i siopa bwyd. Pan nad oes rhyw lawer o fwyd ffres yn y tŷ, siawns y bydd gen i'r cynhwysion syml sydd eu hangen i wneud peli eog. Maen nhw'n hyfryd ag eog ffres, ond mae eog tun yr un mor flasus ac yn ffordd gyfleus a rhad iawn o gael eich plant i fwyta'r braster da a geir mewn pysgod. Ychwanegwch ychydig o sbigoglys o'r rhewgell a dyma swper iach a maethlon. Dwi'n hoffi ffrio'r rhain nes eu bod yn grensiog ac yn euraidd, ond mae modd eu coginio yn y popty hefyd os ydych eisiau lleihau'r braster.

200g o datws (tua 1 daten)
Tun 200g o eog neu un darn o eog ffres wedi'i goginio
1 llwy fwrdd o *mayonnaise*
1 belen o sbigoglys wedi rhewi
Pinsied o halen a phupur
Powlen o flawd plaen
1 wy
150g o friwsion bara
Olew i ffrio

Digon i wneud tua 12

1. Pliciwch a thorri'r tatws yn ddarnau gweddol fach a'u coginio mewn dŵr berwedig am 10 munud nes eu bod yn feddal.
2. Stwnsiwch y tatws a'u rhoi mewn powlen gyda'r eog wedi'i falu a'r *mayonnaise*. Cymysgwch yn dda.
3. Rhowch y sbigoglys yn y meicrodon i'w ddadmer cyn ei gymysgu i mewn i'r tatws a'r eog. Ychwanegwch binsied o halen a phupur.
4. Rholiwch y cymysgedd yn beli bach a'u rhoi yn yr oergell am 30 munud.
5. Pan ydych chi'n barod i'w coginio, rholiwch y peli pysgod yn y blawd yn gyntaf, yna yn yr wy ac yn y briwsion bara yn olaf.
6. Cynheswch ychydig o olew mewn padell ffrio ar wres cymedrol.
7. Coginiwch y peli pysgod am 10 munud a'u troi'n gyson.

eog

 Ffalaffel

Mae'r rhain yn gwneud swper blasus i'r teulu cyfan wedi'u gweini gyda bara *pitta*, hwmws a salad. Mae yna datws melys yn y ffalaffel i'w gwneud ychydig yn fwy melys, sy'n cyferbynnu â sbeis persawrus y cwmin a'r coriander. Dwi ddim yn ychwanegu halen wrth goginio ar gyfer plant bach iawn, ond os ydych yn coginio ar gyfer plant hŷn neu oedolion, yna, yn sicr, gallwch ychwanegu ychydig bach o halen i flasu hefyd.

200g o gnawd tatws melys
250g o ffacbys
1 ewin garlleg wedi'i falu'n fân
5g o bersli ffres wedi'i dorri
1 sibwnsen wedi'i thorri
½ llwy de o gwmin mâl
½ llwy de o goriander mâl
30g o flawd plaen

Digon i wneud 12 ffalaffel

1. Cynheswch y popty i 200°C / Ffan 180°C / Nwy 6 a choginio'r tatws melys yn eu croen am 45 munud i awr, nes eu bod yn feddal. Gadewch iddyn nhw oeri cyn tynnu'r croen.
2. Rhowch yr holl gynhwysion, heblaw am y blawd, mewn prosesydd bwyd a'u malu nes bod gennych gymysgedd gweddol lyfn.
3. Rhowch y cymysgedd mewn powlen, ychwanegu'r blawd a'i droi nes ei fod wedi cyfuno'n llwyr.
4. Rhowch y cymysgedd yn yr oergell am 30 munud, er mwyn iddo galedu rhywfaint, cyn ei siapio'n beli. Gallwch ddefnyddio dwy lwy i wneud hyn, neu eich dwylo, ond gwlychwch nhw'n gyson i atal y cymysgedd rhag glynu yn ormodol.
5. Rhowch y popty yn ôl ymlaen ar dymheredd o 200°C / Ffan 180°C / Nwy 6.
6. Rhowch y peli ffalaffel ar dun pobi, wedi'i leinio â phapur gwrthsaim, a'u coginio am 20–25 munud.
7. Bwytewch nhw'n gynnes neu'n oer.

Peli cig porc ac afal

Fe wnes i'r peli cig yma yn arbennig ar gyfer y mab, gan wybod yn iawn na fyddai'n cyffwrdd â nionyn neu gorbwmpen fel arfer. Ond ar ôl dal y gŵr yn eu sglaffio nhw hefyd, rydyn ni bellach yn eu cael nhw'n aml yn swper i'r teulu cyfan. Dwi'n hoff o'u gweini â thatws stwnsh a grefi nionyn neu mewn saws tomato gyda phasta. Maen nhw hefyd yn gwneud byrgyrs hyfryd. Dwi'n tueddu i ddefnyddio briwsion *panko* i wneud y rhain. Briwsion sych Siapaneaidd yw *panko* ac mae hi wastad yn handi cael paced ohonyn nhw yn y cwpwrdd. Maen nhw ar gael yn y rhan fwyaf o archfarchnadoedd mawr ac yn eich arbed rhag gorfod gwneud briwsion eich hun. Ond mae briwsion bara cyffredin yn gwneud y tro hefyd.

500g o fins porc
1 afal wedi'i gratio
½ nionyn wedi'i gratio
½ corbwmpen wedi'i gratio
30g o friwsion bara *panko* neu friwsion bara cyffredin
Pinsied o saets sych

Digon i wneud tua 16 o beli

1. Cynheswch y popty i 200°C / Ffan 180°C / Nwy 6.
2. Cymysgwch yr holl gynhwysion mewn powlen gan ddefnyddio eich dwylo i sicrhau bod popeth wedi'i gyfuno'n llwyr.
3. Yna ffurfiwch beli bychan drwy wasgu a rholio'r cig yn eich dwylo.
4. Rhowch y peli cig ar dun neu mewn dysgl sy'n addas ar gyfer y popty a'u coginio am 25 munud, gan eu troi hanner ffordd drwy'r amser coginio.

Byrgyrs Groegaidd

Fe fydd y teulu cyfan wrth eu boddau â'r rhain. Mae'r cig oen, y mint a'r caws ffeta yn dod â blas o Roeg i'r gegin. Dwi'n hoff o'u gweini gyda thatws, salad ac ychydig o iogwrt wedi'i gymysgu â saws mint i wneud *tzatziki* diog.

60g o gwscws
60ml o stoc llysiau
500g o fins cig oen
1 wy
5g o fint ffres wedi'i dorri'n fân
60g o gaws ffeta
Ychydig o olew olewydd i ffrio
(yn ôl yr angen)

1. Rhowch y cwscws mewn powlen gyda'r stoc. Gorchuddiwch y bowlen â phlât a gadael i'r cwscws socian am 5 munud nes ei fod wedi amsugno'r stoc i gyd.
2. Cymysgwch â fforc cyn ychwanegu'r mins, yr wy a'r mint a chymysgu'r cyfan yn dda.
3. Torrwch y ffeta'n ddarnau, ei ychwanegu at y cymysgedd cwscws a mins a'i gymysgu'n weddol ofalus i'r cymysgedd fel bod gennych dameidiau gweddol fawr o ffeta yn y byrgyrs o hyd.
4. Cymerwch lond llwy fwrdd o'r cymysgedd (neu fwy os ydych yn eu gwneud ar gyfer oedolion) a ffurfio siâp byrgyrs.
5. Cynheswch badell ffrio ar dymheredd cymedrol, ychwanegu ychydig bach o olew olewydd a ffrio'r byrgyrs am 4–5 munud ar bob ochr, nes eu bod wedi coginio'n llwyr.

Cyrri cyntaf

Mae'r gŵr a minnau wrth ein boddau â chyrri yn llawn sbeis a tsili. Wrth gwrs, fyddai hynny ddim yn plesio'r bychan, felly dyma ein cyfaddawd ni. Mae rhywfaint o sbeis ynddo o hyd, ond mae wedi'i guddio mewn llaeth cnau coco melys a hufennog. Gallwch wastad ychwanegu ychydig o dân i'ch plât drwy ysgeintio tsili ffres ar eich cyrri chi.

2 frest cyw iâr
1 nionyn
1 llwy fwrdd o olew
1 llwy de o bast cyrri mwyn
1 tun o laeth cnau coco
500ml o stoc cyw iâr
1 foronen
6 darn o gorn melys
4–5 darn o flodfresych
80g o bys wedi'u rhewi

1. Torrwch y cyw iâr yn giwbiau 2cm a thorri'r nionyn yn fân.
2. Cynheswch yr olew mewn sosban a choginio'r cyw iâr am 3–4 munud cyn ychwanegu'r nionyn a choginio am 5 munud arall nes bod y nionyn yn feddal a'r cyw iâr wedi dechrau brownio.
3. Ychwanegwch y past cyrri a choginio am funud neu ddwy.
4. Tywalltwch y llaeth cnau coco a'r stoc cyw iâr i mewn i'r sosban a mudferwi'r cyfan am 10 munud, nes bod y saws yn lleihau i'w hanner.
5. Torrwch y llysiau'n fras a'u hychwanegu at y cyrri, yna rhowch gaead am y sosban a choginio am 10 munud nes bod y llysiau'n feddal.
6. Gellir ei weini gyda reis.

Risotto

Dyma, i mi, yw cysur mewn powlen, ac mae mor syml i'w wneud hefyd. Mae'n bryd ynddo'i hun, ond gallwch ei weini ag ychydig o gyw iâr, pysgod neu fwyd môr arall hefyd. Y tric gyda *risotto* yw ychwanegu'r stoc yn raddol a'i droi'n gyson. Mae angen ychydig o gariad arno am hanner awr ond fe gewch eich gwobrwyo yn y diwedd pan fydd gennych bryd blasus i'w weini i'r teulu cyfan. Mae babis wrth eu boddau â'r *risotto* yma hefyd, ond os ydych yn mynd i'w roi i blentyn o dan flwydd oed fe fyddwn i'n ei wneud â chiwbiau stoc heb halen. Fe allwch ychwanegu mwy o halen ar y diwedd ar eich cyfer chi os ydych yn dymuno.

1 llwy fwrdd o olew olewydd
1 genhinen wedi'i thorri'n fân
1 nionyn wedi'i dorri'n fân
1 ewin garlleg wedi'i falu
1 litr o stoc llysiau
1 llwy de o fint sych

350g o reis *risotto*
150g o bys wedi'u rhewi
20g o gaws Parmesan
40g o spigoglys ifanc wedi'u torri'n fân

1. Cynheswch yr olew mewn sosban fawr, yna ychwanegwch y cennin, y nionyn a'r garlleg a'u coginio ar dymheredd isel am ryw 10–15 munud nes eu bod yn feddal (ond ddim yn frown).
2. Rhowch y stoc a'r mint sych mewn sosban arall a'u cadw'n gynnes dros wres isel.
3. Ychwanegwch y reis at y cennin, y nionyn a'r garlleg a'u coginio am ychydig funudau, gan eu troi'n gyson, nes bod y cyfan yn dechrau edrych yn dryloyw.
4. Yna ychwanegwch lond lletwad o stoc at y reis, gan adael iddo gael ei amsugno'n llwyr, cyn ychwanegu llond lletwad arall.
5. Parhewch i wneud hyn, gan droi'n gyson am 15–20 munud i atal y reis rhag sticio.
6. Pan fydd y reis bron â bod yn barod, rhowch y pys i mewn, gan ychwanegu ychydig yn fwy o stoc nes bod y reis yn feddal a'r *risotto* yn hufennog.
7. Pan fydd y *risotto* wedi'i goginio, ychwanegwch y caws Parmesan wedi'i gratio a'r sbigoglys a chymysgu'n dda.

Pesto cartref

Mae potyn o besto wedi achub fy nghroen lawer gwaith pan fo'r cypyrddau'n wag a'r bychan angen swper sydyn. Ond os yw'r cynhwysion gennych, mae'n werth gwneud eich pesto eich hun. Gwaith munudau fydd hyn os oes gennych brosesydd bwyd, ac mae o gymaint yn fwy blasus nag unrhyw beth y gallwch ei brynu yn y siop. Mae yna lot llai o halen yn fy rysáit i hefyd, gan mai'r unig halen yw'r hyn a geir yn y caws Parmesan.

25g o gnau pin
1 ewin garlleg
50g o gaws Parmesan wedi'i gratio
80g o ddail basil
100ml o olew olewydd

1. Tostiwch y cnau pin mewn padell sych am ychydig funudau nes eu bod yn dechrau lliwio. Cofiwch symud y cnau yn y badell yn gyson, gan eu bod yn gallu llosgi'n gyflym. Gadewch iddyn nhw oeri.
2. Rhowch y cnau pin, y garlleg, y Parmesan, y basil a'r olew olewydd yn y prosesydd bwyd a'u malu'n fân nes bod gennych bast gwyrdd trwchus.
3. Rhowch y pesto mewn potyn a chaead arno ac fe fydd yn cadw yn yr oergell am ychydig ddyddiau.

Penfras mewn parsel filo

Bydd y parseli penfras yma'n boblogaidd gyda'r plant a'r oedolion yn eich teulu. Mae'r *filo* cras a'r pysgodyn meddal yn gyfuniad hyfryd, ac mae'r caws meddal a'r pesto yn ychwanegu blas sawrus bendigedig. Does dim byd i guro pesto cartref, ac mae'n ddigon cyflym i'w wneud (gweler y rysáit ar dudalen 85). Ond os nad yw'r cynhwysion wrth law, mae pesto siop yn ddigon blasus hefyd.

1 paced o does *filo*
3 llwy fwrdd o olew olewydd
4 darn o benfras tua 100g yr un, heb groen
2 lwy fwrdd o gaws meddal
3 llwy fwrdd o besto

Digon i wneud 4

1. Cynheswch y popty i 200°C / Ffan 180°C / Nwy 6 a leinio tun pobi â ffoil.
2. Torrwch yr haenau *filo* yn eu hanner nes bod gennych sgwariau tua 25cm x 25cm. Rhowch y rhai nad ydych yn eu defnyddio o dan liain llestri tamp, er mwyn sicrhau nad ydyn nhw'n sychu'n ormodol.
3. Rhowch un sgwâr o *filo* ar y bwrdd a'i frwsio â rhywfaint o olew. Rhowch ddau arall am ei ben, gan frwsio mymryn o olew rhwng yr haenau.
4. Rhowch ddarn o benfras ar ben y *filo*.
5. Cymysgwch y caws meddal a'r pesto a thaenu llond llwyaid ar ben y penfras.
6. Plygwch ochrau byr y *filo* ar ben y pysgodyn, yna rhoi ochrau hir y toes o amgylch y penfras fel ei fod wedi'i lapio'n llwyr fel parsel.
7. Rhowch ar y tun pobi a brwsio'r top ag olew.
8. Gwnewch yr un peth â gweddill y penfras.
9. Coginiwch am 25 munud nes bod y *filo* yn euraidd.

penfras

LLYSIAU CUDD

Fel llawer o rieni, dwi'n treulio gormod o amser yn poeni am yr hyn y mae fy mab yn ei fwyta. Ydi'r bwyd yn ddigon iach? Sut galla i ei gael i fwyta mwy o lysiau? A pham yn y byd nad ydy o'n bwyta rhywbeth heddiw yr oedd o'n ei garu ddoe? Ond mewn gwirionedd, pwy a ŵyr beth sy'n mynd trwy feddyliau plant bach?

Dros nos, bron â bod, fe aeth y mab o fod yn fabi oedd yn bwyta popeth i fod yn blentyn oedd yn gwrthod bwyta unrhyw lysiau o gwbl, ac a oedd hyd yn oed yn ffysi am y math o basta yr oedd yn ei gael! Roedd yn fy ngyrru i'n wallgo, ond roeddwn yn benderfynol nad oedd yn mynd i fyw ar fwyd melyn yn unig. Felly fe ddechreuais ddefnyddio tactegau slei i'w gael i fwyta llysiau ac i sicrhau ei fod yn cael digon o faeth. Mae rhai pobl yn dadlau na ddylech chi guddio llysiau a bod angen i blant ddysgu eu bwyta yn iawn. Ond fel rhiant dwi'n gwybod bod yna adegau pan nad oes dim byd arall yn gweithio, ac os mai dyma'r unig ffordd o gael plentyn i fwyta llysiau, wel, does dim byd yn bod ar hynny yn fy marn i.

Fe wnes i ddal ati i gynnig ystod eang o fwydydd i fy mab, er ei fod yn troi ei drwyn ar bopeth, ac yn raddol fe ddechreuodd drio pethau eto. Nawr mae'n fodlon bwyta'r rhan fwyaf o'r hyn dwi'n ei goginio ar ei gyfer (er, nid popeth), gan gynnwys ystod liwgar o lysiau. Ond mae hynny'n gallu newid o un dydd i'r llall, wrth gwrs!

Felly, p'un a ydyw'n hoffi llysiau neu beidio, dwi wastad yn chwilio am gyfleoedd i gynnwys mwy o lysiau mewn prydau bwyd. Yn aml iawn, lympiau mawr amlwg yw'r gelyn, felly dwi'n gratio llysiau'n fân i'w rhoi mewn peli cig, neu sawsiau, fel nad ydy'r un bach ddim callach. Dwi'n tueddu i ddefnyddio lot fawr o sbigoglys wedi'i rewi wrth goginio – mae'n hawdd ei ddadmer yn y meicrodon a'u taflu i mewn i beth bynnag dwi'n ei goginio. Gan fod y sbigoglys wedi'i dorri'n

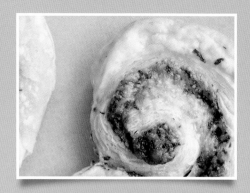

fân yn barod mae'r darnau bach gwyrdd llawn fitaminau yn diflannu i'r bwyd yn hawdd.

Tameidiau twrci

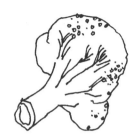

Os yw eich plant wrth eu boddau â'r tameidiau cyw iâr, neu'r *chicken nuggets*, sydd ar gael mewn bwytai neu siopau, beth am drio gwneud y tameidiau twrci yma gartref? Heb yr holl halen ac yn llawn llysiau cudd, maen nhw'n llawer mwy iach. Ond eto maen nhw'n syml iawn i'w gwneud ac, yn bwysicaf oll, yn flasus hefyd. Mae'r rysáit yn cynnwys syniadau am ba lysiau y gallwch eu defnyddio, ond defnyddiwch chi beth bynnag sydd gennych yn y tŷ ar y pryd.

500g o fins twrci
20g o gaws Parmesan wedi'i gratio'n fân
½ pupur wedi'i dorri'n fân iawn
3–4 blodyn o frocoli
3 pelen o sbigoglys wedi'u rhewi (wedi'u dadmer)
100g o greision ŷd

Digon i wneud rhyw 16

1. Cynheswch y popty i 180°C / Ffan 160°C / Nwy 4.
2. Rhowch y cig a'r caws mewn powlen.
3. Torrwch y llysiau mor fân â phosib, un ai â llaw neu (yn haws fyth) mewn prosesydd bwyd, a'u hychwanegu at y cig.
4. Defnyddiwch eich dwylo i gyfuno'r cig a'r llysiau a ffurfiwch siapiau neu dameidiau.
5. Rhowch y creision ŷd mewn bag plastig a'u taro â phin rholio i'w malu'n fân.
6. Rholiwch y tameidiau cig yn y creision ŷd, gan sicrhau eu bod wedi'u gorchuddio'n llwyr.
7. Rhowch nhw ar dun pobi wedi'i leinio â phapur gwrthsaim a choginio am 20–25 munud, gan eu troi ar ôl 10 munud.

Gallwch rewi'r rhain cyn eu coginio, os nad oedd y cig wedi ei rewi eisoes. Rhowch nhw ar dun a'u rhewi'n fflat cyn eu trosglwyddo i fag. Ychwanegwch ychydig funudau wrth eu coginio'n syth o'r rhewgell, gan wneud yn siŵr eu bod yn boeth yn y canol cyn eu bwyta.

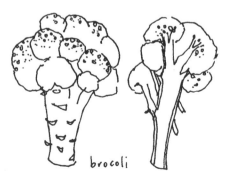

brocoli

Saws tomato llawn llysiau cudd

Mae'r saws tomato blasus hwn yn ffefryn yn ein tŷ ni, ac yn cael ei wneud yn aml iawn. Mae'n sylfaen i gymaint o brydau: mae'n berffaith ar basta, ond hefyd yn hyfryd ar bitsa neu gyda pheli cig. Er bod yna chwe llysieuyn gwahanol yn y saws, ar ôl ei brosesu'n llyfn fe fydd hyd yn oed y plant mwyaf ffysi yn ei fwynhau. Dwi'n aml yn gwneud mwy nag sydd ei angen ar gyfer un pryd ac yn rhewi'r gweddill. Wedyn fe fydd yna saws yn y rhewgell yn barod i wneud pryd cyflym ac iachus ar fyr rybudd.

1 nionyn
2 ewin garlleg wedi'u malu
1 foronen
1 pupur
1 gorbwmpen
1 llwy fwrdd o olew olewydd
1 llwy fwrdd o biwre tomato
2 dun o domatos
1 llwy de o berlysiau cymysg
Halen a phupur

1. Torrwch yr holl lysiau yn fân â phrosesydd bwyd, gan gynnwys y nionyn a'r garlleg, neu gallwch eu gratio â llaw.
2. Cynheswch yr olew mewn sosban fawr ar dymheredd cymedrol ac ychwanegu'r nionyn, y garlleg a gweddill y llysiau a'u coginio am 10 munud nes eu bod yn dechrau meddalu.
3. Ychwanegwch y piwre tomato a choginio am 2 funud arall.
4. Tywalltwch 2 dun o domatos i mewn i'r sosban gyda'r perlysiau ac ychwanegu ychydig o halen a phupur i flasu.
5. Gadewch i'r saws fudferwi heb gaead am 30–45 munud nes ei fod yn drwchus.
6. Tynnwch y sosban oddi ar y gwres a chymysgu'r saws â phrosesydd llaw nes bod y cyfan yn llyfn.
7. Rhowch unrhyw saws sydd dros ben mewn potiau bach plastig a chaead arnynt a'u rhoi yn y rhewgell.

tomato

Macaroni caws llawn llysiau

Os oes yna gyfle i wasgu llysiau ychwanegol i mewn i bryd, yna fe fydda i'n gwneud hynny. Felly mae yna dri llysieuyn iach yn y rysáit yma am facaroni caws, a dwi wir yn credu ei fod yn blasu'n well o'r herwydd. Mae hwn yn sicr yn un o ffefrynnau'r mab.

200g o bwmpen cnau menyn
150g o flodfresych
100g o foron
400g o basta macaroni
30g o fenyn
3 llwy fwrdd o flawd plaen
500ml o laeth
175g o gaws Cheddar wedi'i gratio

1. Cynheswch y popty i 200°C / Ffan 180°C / Nwy 6.
2. Torrwch y bwmpen, y blodfresych a'r moron yn ddarnau a'u stemio am 15 munud nes eu bod yn feddal.
3. Gadewch iddyn nhw oeri rhywfaint cyn eu rhoi mewn prosesydd bwyd a'u malu yn biwre llyfn.
4. Coginiwch y pasta mewn dŵr berwedig am yr amser sydd wedi'i nodi ar y paced.
5. Yn y cyfamser, toddwch y menyn mewn sosban, cyn ychwanegu'r blawd a choginio am 2 funud.
6. Ychwanegwch y llaeth yn raddol gan chwisgio'n gyson â chwisg law. Dewch â'r cymysgedd i'r berw cyn troi'r tymheredd i lawr a choginio am 5 munud, gan droi'n rheolaidd nes ei fod yn drwchus.
7. Ychwanegwch y piwre llysiau a 150g o gaws a chymysgu nes bod y caws wedi toddi'n llwyr.
8. Cymysgwch y pasta i'r saws a'i roi mewn dysgl sy'n addas ar gyfer y popty.
9. Ysgeintiwch y caws sy'n weddill ar ben y pasta a choginio am 20 munud, nes bod y caws yn ffurfio crwst euraidd.

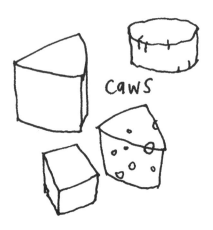

caws

Brownis betys

betys

Dwi'n siŵr ein bod ni i gyd yn gytûn bod cacen foron yn hynod o flasus, ond nid dyna'r unig lysieuyn sy'n werth ei roi mewn cacen. Mae melysrwydd daearol y betys yn gyfuniad perffaith gyda siocled tywyll, ac yn gwneud y brownis hyn yn ludiog ac yn feddal. A gyda chymaint o fetys ynddyn nhw, fe allech chi ddadlau eu bod yn dda i chi! Dwi'n tueddu i rostio fy metys fy hun, ond mae'n bosib prynu betys wedi'u coginio hefyd – gwnewch yn siŵr nad oes unrhyw finegr arnynt!

200g o fetys wedi'u rhostio (tua 2 fetysen)
200g o siocled tywyll
220g o fenyn
250g o siwgr mân
3 wy
1 llwy de o rin fanila
110g o flawd codi
40g o bowdr coco

1. Rhostiwch y betys yn eu crwyn ar 220ºC / Ffan 200ºC / Nwy 7 am awr a hanner, nes eu bod wedi coginio.
2. Gadewch iddyn nhw oeri rhywfaint cyn tynnu'r croen i ffwrdd. Torrwch nhw'n ddarnau, eu rhoi yn y prosesydd bwyd a'u malu'n fân.
3. Trowch y popty i lawr i 180ºC / Ffan 160ºC / Nwy 4 a leinio tun sgwâr 20cm x 20cm â phapur gwrthsaim.
4. Torrwch y siocled yn ddarnau a'i roi, gyda'r menyn, mewn powlen sy'n gallu gwrthsefyll gwres. Rhowch y bowlen uwchben sosban o ddŵr berwedig nes bod y siocled a'r menyn wedi toddi, gan wneud yn siŵr nad ydy'r bowlen yn cyffwrdd y dŵr. Yna tynnwch y bowlen oddi ar y gwres a'i rhoi i'r naill ochr i oeri.
5. Rhowch y siwgr a'r wyau mewn powlen fawr a'u chwisgio am ychydig funudau gyda chwisg law nes eu bod wedi'u cyfuno.
6. Ychwanegwch y siocled a'r menyn wedi toddi a'r rhin fanila a'u cymysgu'n dda.
7. Rhowch y betys yn y bowlen a chymysgu eto, cyn ychwanegu'r blawd codi a'r powdr coco a phlygu'n ofalus nes bod popeth wedi'i gyfuno.
8. Tywalltwch i mewn i'r tun a choginio am 20–25 munud nes bod yr ochrau wedi coginio ond y canol yn dal yn feddal.
9. Gadewch iddo oeri'n llwyr yn y tun cyn ei dorri'n sgwariau.

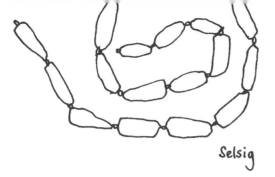

Selsig

Rholiau selsig a llysiau

Mae'r mab (a'r gŵr mewn gwirionedd) yn caru rholiau selsig a dwi'n siŵr y bydden nhw'n eu bwyta nhw bob dydd petaen nhw'n cael. Dydyn nhw ddim y pethau mwyaf iachus ond o leiaf, drwy eu gwneud gartref, gallwch benderfynu beth yn union sydd ynddyn nhw, gan gynnwys llysiau! Dwi'n defnyddio cig selsig gan y cigydd a llond powlen o lysiau wedi'u gratio. Fydd y plant ddim callach, ac fe fyddwn i hyd yn oed yn mynd mor bell â dweud bod y rhain hyd yn oed yn fwy blasus na rholiau selsig cyffredin.

100g o foron
100g o gorbwmpen
35g o gennin

450g o gig selsig
1 paced o grwst pwff
1 wy

Digon i wneud 10 rholyn selsig eithaf mawr

1. Cynheswch y popty i 200°C / Ffan 180°C / Nwy 6 a leinio tun pobi â phapur gwrthsaim.
2. Gratiwch y moron a'r gorbwmpen, eu rhoi rhwng dau ddarn o bapur cegin a gwasgu'n ysgafn er mwyn cael gwared ar rywfaint o'r dŵr.
3. Torrwch y cennin yn fân a'u rhoi mewn powlen gyda'r moron a'r gorbwmpen.
4. Ychwanegwch y cig selsig a chymysgu'n dda â'ch dwylo.
5. Rholiwch y crwst pwff yn betryal mawr (dwi'n tueddu i brynu toes sydd wedi'i rolio'n barod, er mwyn osgoi'r cam yma).
6. Lledaenwch yr holl gig selsig mewn llinell ar hyd canol y toes.
7. Plygwch un ochr y toes dros y llenwad a brwsio ymyl y toes ag ychydig o'r wy wedi'i gymysgu. Yna rhowch ochr arall y toes drosto a gwasgu i lawr yn ofalus nes bod yr ochrau'n glynu at ei gilydd.
8. Trowch y rholyn sosej drosodd fel bod y rhan lle mae'r toes yn uno ar y gwaelod.
9. Torrwch yn 10 darn.
10. Rhowch nhw ar y tun pobi a brwsio top y toes â mwy o'r wy.
11. Coginiwch am 25 munud nes bod y crwst yn euraidd a'r cig wedi coginio.

Trwy ddilyn y dull uchod fe fyddwch yn gwneud 10 rholyn eithaf mawr, ond fe allech chi dorri'r toes yn ddau betryal teneuach a rhannu'r cig sosej rhwng y ddau er mwyn gwneud rholiau llai o faint.

Croquettes brocoli, ham a chaws

'Pam nad wyt ti wedi gwneud rhain o'r blaen? Maen nhw mor neis!' Dyna ymateb y gŵr pan wnes i weini'r *croquettes* yma am y tro cyntaf. Y bwriad oedd gwneud rhywbeth hawdd a blasus i'r mab ei fwyta, ond roedden nhw'n gymaint o *hit* gyda'r gŵr hefyd fel bod hwn bellach yn bryd rydyn ni i gyd yn ei fwynhau. Maen nhw'n ddigon hawdd i'w gwneud yn ffres, ond maen nhw hefyd yn ffordd berffaith o ddefnyddio unrhyw datws neu lysiau sydd gennych dros ben.

300g o datws
4 blodyn o frocoli
40g o gaws

50g o ham
30g o greision reis

Digon i wneud 10

1. Cynheswch y popty i 200°C / Ffan 180°C / Nwy 6.
2. Pliciwch a thorri'r tatws, eu rhoi mewn sosban o ddŵr berwedig a'u coginio am 8 munud, yna ychwanegwch y brocoli a choginio am 5 munud arall nes bod y llysiau i gyd yn feddal.
3. Draeniwch nhw, eu rhoi mewn powlen a'u stwnsio â fforc.
4. Gratiwch y caws a thorri'r ham yn fân cyn eu hychwanegu at y llysiau a'u cymysgu.
5. Cymerwch lond llwyaid o'r cymysgedd a'i rolio'n siâp sosej rhwng eich dwylo.
6. Rhowch y creision reis mewn bag plastig a'u taro â phin rholio i'w malu'n friwsion mân.
7. Tywalltwch y creision i bowlen a rholio'r sosejys yn y briwsion.
8. Rhowch y sosejys ar dun pobi wedi'i leinio â phapur gwrthsaim. Coginiwch am 20 munud a'u troi yn achlysurol.

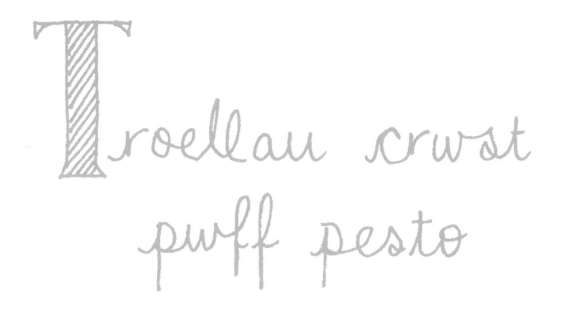

Troellau crwst pwff pesto

Dwi'n caru crwst pwff. Fe all hyd yn oed y cogydd mwyaf dibrofiad daflu pob math o gynhwysion i mewn iddo a chreu rhywbeth blasus a deniadol mewn chwinciad. Fe wnes i'r troellau pwff hyn pan oedd gen i botyn bach o besto yr oedd angen ei ddefnyddio yn yr oergell. Fe benderfynais ychwanegu ychydig bach o frocoli wedi'i falu'n fân ato – wel, pam lai rhoi mwy o lysiau ym mhopeth?

1 paced o grwst pwff wedi'i rolio'n barod
30g o flodau brocoli
4 llwy fwrdd o besto (gweler y rysáit ar dudalen 85)
50g o gaws Parmesan

1. Cynheswch y popty i 200°C / Ffan 180°C / Nwy 6 a leinio dau dun pobi â phapur gwrthsaim.
2. Ysgeintiwch ychydig o flawd ar y bwrdd a dadrolio'r toes.
3. Torrwch y brocoli'n fân a'i gymysgu â'r pesto. Taenwch ar ben y toes cyn ysgeintio'r caws drosto.
4. Gan ddechrau â'r ochr hiraf, rholiwch y toes mor dynn â phosib nes eich bod yn cyrraedd y canol. Gwnewch yr un peth ar yr ochr arall, fel bod gennych ddau rolyn sy'n uno yn y canol. Rhowch yn yr oergell i oeri am 10 munud.
5. Defnyddiwch gyllell finiog i dorri'r toes yn 16 sleis hafal, a'u rhoi yn fflat ar y tuniau pobi.
6. Coginiwch am 15-20 munud nes bod y crwst yn euraidd.

Peli cig

Mae'n rhaid dweud bod fy mab yn eithaf da am fwyta llysiau erbyn hyn, felly dwi ddim wastad yn gorfod eu cuddio. Ond ar hyn o bryd does yna ddim gobaith y byddai'n bwyta corbys petawn i'n eu rhoi ar ei blât. Er hynny, mae wrth ei fodd â'r peli cig yma. Gallwch eu gweini nhw â'r saws tomato llawn llysiau cudd ac fe fydd gennych lond plât o fwyd iach iawn y bydd y mwyafrif o blant yn ei fwynhau.

1 foronen
½ cenhinen
500g o fins eidion
100g o gorbys wedi'u coginio
30g o gaws Parmesan wedi'i gratio

Digon i wneud 20–22 o beli

1. Cynheswch y popty i 200°C / Ffan 180°C / Nwy 6.
2. Gratiwch y moron a thorri'r cennin yn fân a'u cymysgu mewn powlen gyda'r mins, y corbys a'r caws Parmesan.
3. Os ydych chi eisiau cuddio'r llysiau hyd yn oed yn well, gallwch eu malu'n llai mewn prosesydd bwyd cyn eu hychwanegu at y mins.
4. Siapiwch y cymysgedd yn beli bach a'u rhoi mewn dysgl sy'n addas ar gyfer y popty.
5. Coginiwch nhw am 20–25 munud.

CINIO NEU BRYDAU YSCAFN

Ydy plant pawb arall eisiau bwyd drwy'r amser? Yn sicr, dyna sut mae'n teimlo yn ein tŷ ni. Mae fy mab i'n gofyn am 'snac' byth a beunydd, waeth beth mae wedi'i gael i frecwast, cinio neu swper, ac wrth gwrs, nid darn o ffrwyth mae o'n ei olygu pan mae'n dweud hynny! Felly mae'n handi cael rhywbeth wrth law i'w gynnig iddo sydd ychydig yn fwy iachus na phaced o greision.

Mae'r ryseitiau yn y bennod hon yn berffaith fel byrbrydau i'ch plant bach llwglyd, ond maen nhw hefyd yn gwneud cinio blasus, wedi eu gweini ag ychydig o lysiau neu ffrwythau ychwanegol. Dwi'n siŵr bod plant yn diflasu ar gael brechdan ham neu gaws yn eu bocs bwyd byth a beunydd, felly rhowch syrpréis iddyn nhw a chynnig olwynion pitsa crwst pwff, pasteiod llysiau cawslyd neu *quiche* bychan yn lle hynny. Dwi'n siŵr y byddan nhw wrth eu boddau.

Quiches bocs bwyd

Mae'r *quiches* bach yma yn weddol hawdd i'w gwneud, ac yn gwneud cinio neu swper maethlon wedi'u gweini ag ychydig o lysiau. Ond os yw'ch plentyn wedi diflasu ar frechdanau, maen nhw hefyd yn hyfryd yn oer mewn bocs bwyd. Pan fydd gen i amser, dwi'n gwneud fy nghrwst fy hun, ond dwi'n deall yn iawn bod amser yn brin i rieni, felly does dim byd yn bod ar brynu crwst paced er mwyn arbed rhywfaint o amser. Dim ond awgrym yw'r llenwad isod – mae'n bosib defnyddio unrhyw beth sydd gennych yn yr oergell. Mae fy mab i wrth ei fodd â *quiche* eog a sbigoglys neu ham a phys hefyd.

Ar gyfer y crwst
250g o flawd plaen
125g o fenyn heb halen yn oer
35ml o ddŵr oer

Ar gyfer y llenwad
125g o ham neu gig moch
3 wy
100ml o laeth
50g o gaws wedi'i gratio
Llond llaw o sbigoglys wedi'i dorri'n fân

Digon i wneud 12

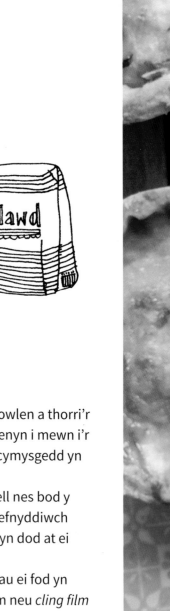

1. I wneud y toes, rhowch y blawd mewn powlen a thorri'r menyn yn ddarnau bach. Rhwbiwch y menyn i mewn i'r blawd â blaenau eich bysedd nes bod y cymysgedd yn edrych fel briwsion.
2. Ychwanegwch y dŵr a chymysgu â chyllell nes bod y toes yn dechrau glynu at ei gilydd. Yna defnyddiwch eich dwylo i'w gymysgu nes bod y cyfan yn dod at ei gilydd i ffurfio pêl.
3. Tylinwch y toes am funud er mwyn sicrhau ei fod yn llyfn, yna ei lapio mewn papur gwrthsaim neu *cling film* a'i roi yn yr oergell am o leiaf 30 munud.

4. Yn y cyfamser, cynheswch y popty i 200°C / Ffan 180°C / Nwy 6.
5. Ar ôl i'r toes oeri, ysgeintiwch ychydig o flawd ar y bwrdd a'i rolio nes ei fod yn 3mm o drwch.
6. Torrwch siapiau cylchoedd i ffitio gwaelod ac ochrau'r tyllau mewn tun myffins. Gwasgwch y toes i mewn yn ofalus a phrocio gwaelod pob cylch â fforc.
7. Rhowch ychydig o bapur gwrthsaim ar ben y toes a llenwi pob twll â ffa pobi a rhoi'r tun yn y popty am 15 munud. Yna tynnwch y pys a'r papur gwrthsaim allan a choginio'r toes am 5 munud arall nes bod y crwst yn euraidd.
8. Tynnwch y tun allan o'r popty tra eich bod yn gwneud y llenwad, a throwch wres y popty i lawr i 180°C / Ffan 160°C / Nwy 4.
9. Os ydych chi'n defnyddio cig moch, torrwch y cig yn ddarnau gweddol fân cyn eu ffrio nes eu bod wedi'u coginio. Os ydych yn defnyddio ham, torrwch hwnnw'n ddarnau.
10. Cymysgwch y cig gyda'r wy, y llaeth, y caws a'r sbigoglys.
11. Tywalltwch y cymysgedd i mewn i'ch tartenni a choginio am 20 munud nes eu bod wedi setio a dechrau lliwio ar y top.
12. Rhowch nhw ar rwyll fetel i oeri.

Pasteiod tatws melys a chyw iâr

Pasteiod bychan sy'n berffaith ar gyfer dwylo bach a mawr. Dwi'n eu rhoi ym mocs bwyd y mab yn lle brechdanau, ac os oes yna rai ar ôl dwi'n mynd â nhw i'r gwaith hefyd.

Ar gyfer y toes
150g o fenyn heb halen yn oer
300g o flawd plaen gwenith cyflawn
1 wy
2 lwy de o finegr gwyn
3–5 llwy fwrdd o ddŵr

Ar gyfer y llenwad
200g o gnawd tatws melys
100g o gyw iâr wedi'i goginio a'i dorri'n fân
20g o gorn melys
½ llwy de o gwmin
½ llwy de o oregano
1 wy i frwsio'r toes

Digon i wneud 12

1. Gan ddefnyddio'ch dwylo, rhwbiwch y menyn i mewn i'r blawd nes ei fod yn edrych fel briwsion bara.
2. Cymysgwch yr wy a'r finegr a'u tywallt i ganol y briwsion gyda hanner y dŵr, a'u cymysgu â fforc neu â'ch dwylo. Ychwanegwch fwy o ddŵr nes bod gennych does meddal.
3. Tylinwch y toes am funud neu ddwy nes ei fod yn llyfn ac yna'i lapio mewn *cling film* neu bapur gwrthsaim a'i roi yn yr oergell am o leiaf 30 munud.
4. Stwnsiwch gnawd y tatws melys â fforc. Ychwanegwch y cyw iâr wedi'i dorri'n fân, y corn melys, y cwmin a'r oregano at y tatws a chymysgu'n dda.
5. Cynheswch y popty i 200°C / Ffan 180°C / Nwy 6.
6. Rholiwch y toes nes ei fod yn 2–3mm o drwch a defnyddio torrwr siâp cylch 8–10cm mewn diamedr.
7. Rhowch lond llwy de o'r cymysgedd ar un hanner o'r cylchoedd toes, gan adael lle o gwmpas yr ymylon.
8. Brwsiwch ymylon y toes â'r wy a phlygu'r toes drosodd i ffurfio hanner cylch. Pwyswch yr ochrau i lawr a'u crimpio â fforc.
9. Brwsiwch y topiau ag ychydig yn rhagor o'r wy a'u coginio am 20 munud nes eu bod yn euraidd.

Cacennau llawn llysiau

Os ydych chi eisiau cynnwys hyd yn oed mwy o lysiau yn neiet eich plentyn, yna trïwch y cacennau bach yma. Maen nhw'n llawn llysiau iachus, ond yn sicr o gael eu llowcio gan y plant. Fe fydd hi'n anodd i oedolion eu gwrthod hefyd. Mae'r llysiau melys a'r caws sawrus yn siŵr o dynnu dŵr o'u dannedd. Maen nhw'n hyfryd yn gynnes o'r popty ond hefyd yn berffaith ar gyfer bocs bwyd neu bicnic. Maen nhw'n rhewi'n dda hefyd, felly rhowch unrhyw gacennau sy'n weddill mewn bagiau plastig yn y rhewgell a'u dadmer yn ôl yr angen. Does dim byd i'ch atal rhag bod ychydig yn greadigol gyda'r rysáit yma, trwy newid y llysiau neu ychwanegu ychydig o ham neu gig moch.

100g o foron wedi'u gratio
100g o gorbwmpen wedi'i gratio
100g o gorn melys
50g o gaws wedi'i gratio
225g o flawd codi
1 wy
175ml o laeth
50ml o olew olewydd, ac ychydig yn ychwanegol
i iro'r tun

Digon i wneud 12

1. Cynheswch y popty i 180°C / Ffan 160°C / Nwy 4.
2. Irwch dun myffins ag olew olewydd ac ysgeintio ychydig o flawd ym mhob twll.
3. Rhowch y llysiau wedi'u gratio a'r corn melys mewn powlen gyda'r caws a'r blawd a'u cymysgu'n dda.
4. Mewn powlen arall, cymysgwch yr wy, y llaeth a'r olew.
5. Tywalltwch y cymysgedd ar ben y cynhwysion sych a'u cymysgu'n ysgafn. Peidiwch â'u gorgymysgu – mae popeth yn iawn os ceir ychydig o lympiau bach o flawd o hyd.
6. Llenwch bob twll yn y tun â'r cymysgedd.
7. Coginiwch am 20 munud nes bod y cacennau'n euraidd.
8. Gadewch nhw yn y tun am 5 munud cyn eu trosglwyddo i rwyll fetel i oeri'n llwyr, neu bwytewch nhw'n gynnes o'r popty.

Trionglau caws a phys

Mae'r parseli triongl sawrus hyn yn fyrbrydau blasus ac yn berffaith ar gyfer partïon. Mae'r crwst haenog yn cyferbynnu'n hyfryd â'r caws meddal sawrus a'r pys melys yn y canol.

200g o gaws *ricotta*
150g o gaws Cheddar wedi'i gratio
120g o bys wedi'u rhewi
1 wy
Pinsied o halen
Paced o does *filo*
50g o fenyn wedi toddi

Digon i wneud tua 16 triongl bach

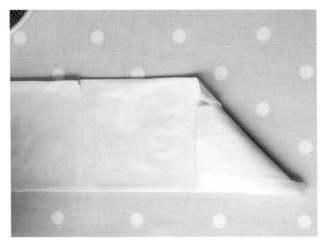

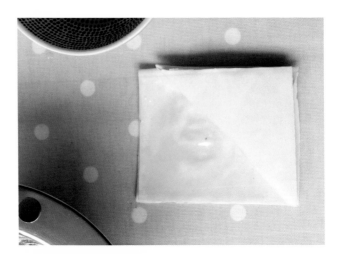

1. Cynheswch y popty i 200°C / Ffan 180°C / Nwy 6 a leinio tun pobi â phapur gwrthsaim.

2. Rhowch y ddau gaws, y pys, yr wy a'r halen mewn powlen a'u cymysgu'n dda.

3. Rhowch un haen o does *filo* ar y bwrdd a'i frwsio ag ychydig o fenyn wedi toddi cyn ei blygu yn dri ar ei hyd, fel bod gennych un darn hir o does.

4. Cadwch unrhyw does nad yw'n cael ei ddefnyddio o dan liain sychu llestri tamp fel nad yw'n sychu.

5. Rhowch lond llwyaid o'r llenwad yng nghornel isaf y toes, a'i ledaenu i ffurfio siâp triongl. Plygwch y toes drosodd i ffurfio triongl o gwmpas y llenwad a dal ati i blygu'r toes yn yr un modd ar ei hyd nes eich bod wedi defnyddio'r toes i gyd. Brwsiwch ychydig o fenyn ar ben pellaf y toes fel ei fod yn glynu at y triongl.

6. Gwnewch yr un peth nes eich bod wedi defnyddio'r holl lenwad.

7. Rhowch y trionglau ar dun pobi a'u brwsio â mwy o fenyn.

8. Coginiwch nhw am 20 munud nes bod y crwst yn euraidd, a gadael iddyn nhw oeri rhywfaint cyn eu bwyta.

Tri hwmws

Mae yna wastad botyn o hwmws yn ein hoergell ni, gan ein bod ni i gyd yn ei fwyta mor rheolaidd. Mae'n flasus, yn faethlon ac yn gwneud cinio sydyn gyda *pitta* a llysiau amrwd. Dwi'n prynu hwmws o'r siop yn achlysurol a does dim byd yn bod ar hynny, ond mae mor rhad a syml i'w wneud gartref fel ei fod yn werth rhoi cynnig arni. Ac os ydych chi'n hoffi hwmws cyffredin, yna beth am ychwanegu betys i wneud hwmws pinc llachar blasus, neu bupur coch wedi'i rostio i greu hwmws oren melys?

1 tun o ffacbys
1 ewin garlleg
2 lwy fwrdd o *tahini*
Sudd 1 lemon
6 llwy fwrdd o sudd y ffacbys
Halen i flasu

Ar gyfer yr hwmws betys
1 fetysen wedi'i choginio

Ar gyfer yr hwmws pupur
1 pupur coch

I wneud yr hwmws plaen

1. Draeniwch y ffacbys a rhoi'r sudd i'r naill ochr.
2. Rhowch y ffacbys, y garlleg, y *tahini*, y sudd lemon a 6 llwy fwrdd o sudd y ffacbys mewn prosesydd bwyd a'u malu nes bod y cyfan yn llyfn.
3. Bydd angen stopio bob nawr ac yn y man a chrafu'r cynhwysion o ochrau'r ddysgl er mwyn sicrhau bod yr hwmws mor llyfn â phosib.
4. Ychwanegwch ychydig o halen i flasu.

I wneud hwmws betys

1. Rhostiwch y fetysen yn ei chroen ar 220°C / Ffan 200°C / Nwy 7 am awr a hanner, nes ei bod yn feddal.
2. Gadewch i oeri rhywfaint cyn tynnu'r croen i ffwrdd. Torrwch yn ddarnau a'u rhoi yn y prosesydd bwyd gyda'r holl gynhwysion eraill, ac yna dilyn y rysáit ar gyfer yr hwmws cyffredin.

I wneud hwmws pupur

1. Torrwch y pupur yn ei hanner a thynnu'r goes a'r hadau allan.
2. Rhowch y ddau hanner ar dun pobi wedi'i leinio â ffoil, gyda'r croen yn wynebu am i fyny.
3. Rhowch y tun o dan y gril ar dymheredd uchel am 10–15 munud nes bod croen y pupur yn ddu a'r cnawd yn feddal.
4. Rhowch y pupur mewn bag plastig, ei gau'n dynn a gadael iddo oeri am 10–15 munud.
5. Bydd y stêm yn y bag yn llacio'r croen a'i gwneud hi'n llawer haws i'w dynnu i ffwrdd.
6. Rhowch gnawd y pupur yn y prosesydd bwyd gyda'r holl gynhwysion eraill a dilyn y rysáit ar gyfer yr hwmws cyffredin.

Olwynion pitsa crwst pwff

Dwi ddim yn siŵr pwy sy'n hoffi'r rhain fwyaf, ni'r oedolion neu'r mab. Maen nhw'n cael eu llowcio heb adael briwsionyn, sy'n dipyn o dasg o ystyried eu bod wedi'u gwneud o grwst pwff! Dwi wastad yn defnyddio fy saws tomato llawn llysiau cudd i wneud y rhain, ac wedyn yn ychwanegu unrhyw lysiau sydd gen i yn yr oergell. Mae'n ffordd syml ond blasus i gael y plant i sglaffio llysiau.

1 paced o grwst pwff wedi'i rolio'n barod

4 llwy fwrdd o fy saws tomato llawn llysiau cudd (gweler y rysáit ar dudalen 93)

4 llwy fwrdd o gorn melys

50g o gaws wedi'i gratio

1. Cynheswch y popty i 200°C / Ffan 180°C / Nwy 6 a leinio 2 dun pobi â phapur gwrthsaim.
2. Ysgeintiwch ychydig o flawd ar y bwrdd a dadrolio'r toes.
3. Taenwch y saws tomato drosto cyn ychwanegu'r corn melys a'r caws.
4. Gan ddechrau o ochr fyrraf y toes, rholiwch y toes mor dynn â phosib. Rhowch yn yr oergell i oeri am 10 munud.
5. Gan ddefnyddio cyllell finiog, torrwch y toes yn 12 sleis hafal, a'u rhoi yn fflat ar y tuniau pobi.
6. Coginiwch am 15–20 munud nes bod y crwst yn euraidd.

Os yw'r rysáit yn gwneud mwy nag y byddwch yn eu bwyta, rhowch yr hyn sy'n weddill mewn bagiau yn y rhewgell a'u dadmer yn ôl yr angen.

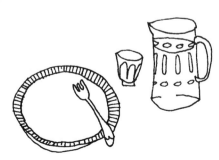

'Mae'r rhain yn gwneud cinio blasus i'r teulu cyfan...'

Pasteiod llysiau cawslyd

Os ydw i eisiau i fy mab fwyta rhywbeth, yna'r ateb syml yw ychwanegu lot o gaws a'i lapio mewn toes. Dim syndod, felly, bod y pasteiod llawn llysiau yma yn llwyddiant ysgubol. Roedd o hyd yn oed yn bwyta'r llenwad cyn i mi gael cyfle i wneud y pasteiod eu hunain. Mae'r rhain yn gwneud cinio blasus i'r teulu cyfan, a chan eu bod yr un mor hyfryd yn oer, maen nhw'n berffaith ar gyfer bocs bwyd neu bicnic hefyd.

40g o foron
40g o frocoli
40g o bys
40g o gorn melys
15g o fenyn heb halen
1 llwy fwrdd o flawd plaen
120ml o laeth
120ml o stoc llysiau
100g o gaws wedi'i gratio
1 paced o grwst pwff wedi'i rolio'n barod
1 wy

Digon i wneud 4

1. Cynheswch y popty i 200°C / Ffan 180°C / Nwy 6.
2. Torrwch y moron a'r brocoli yn fân, fel nad ydyn nhw'n llawer mwy na'r pys a'r corn melys.
3. Toddwch y menyn mewn padell dros dymheredd cymedrol.
4. Ychwanegwch yr holl lysiau a'u coginio am ychydig funudau.
5. Ysgeintiwch y blawd drostynt a'u coginio am funud cyn ychwanegu'r llaeth a'r stoc yn raddol.
6. Gadewch i'r cyfan fudferwi am tua 10 munud, nes bod y llysiau'n dechrau meddalu a'r saws wedi tewychu.
7. Ychwanegwch y caws a'i gymysgu nes ei fod wedi toddi.
8. Tynnwch y cymysgedd oddi ar y gwres a gadael iddo oeri.
9. Yn y cyfamser, ysgeintiwch ychydig o flawd ar y bwrdd a dadrolio'r crwst pwff cyn ei dorri'n bedwar petryal tua 17cm x 13cm yr un.
10. Rhowch lond llwyaid fawr o'r cymysgedd ar un hanner y darn toes, gan wneud yn siŵr eich bod yn gadael 1cm rownd yr ochrau. Brwsiwch ychydig o'r wy ar hyd yr ochrau a phlygu'r toes yn ei hanner ar ben y llenwad. Pwyswch i lawr yn ofalus â'ch dwylo i selio'r bastai, cyn ei chrimpio â chefn fforc.
11. Gwnewch yr un peth â gweddill y cymysgedd a'r 3 darn arall o does.
12. Rhowch nhw ar dun pobi, torri twll bychan yn nhop y pasteiod â chyllell finiog a brwsio mwy o wy drostynt.
13. Coginiwch am 20–25 munud nes bod y toes wedi codi ac yn euraidd.
14. Gadewch iddyn nhw oeri am ychydig funudau cyn eu bwyta.

PARTI

Dwi ddim am i chi feddwl fy mod i wedi colli pob owns o hwyl ers dod yn fam. Ydw, dwi wedi ceisio torri i lawr ar y siwgr a dwi'n stwffio llysiau i mewn i bopeth posib, hyd yn oed cacennau. Ond dydy hynny ddim yn golygu bod siwgr wedi ei wahardd yn llwyr o'r tŷ. A dweud y gwir, dwi'n bwyta mwy ohono nag erioed, ac er gwaethaf fy ymdrechion, mae fy mab hefyd wedi datblygu tipyn o ddant melys ac yn joio cacen cystal â'i fam.

Felly er nad ydw i wedi bod yn pobi cymaint o ddanteithion melys yn ystod y blynyddoedd diwethaf (yn bennaf am nad oes gen i amser i dreulio oriau yn y gegin bellach), fe fyddwn i'n bod yn rhagrithiol iawn pe na byddwn yn cynnwys rhai o fy hoff gacennau ar gyfer partïon ac achlysuron arbennig yn y llyfr hwn.

Dwi hefyd wedi dod i ddeall bod partïon plant yn wahanol iawn i'r hyn dwi'n ei gofio. Mae'n amlwg nad yw jeli a hufen iâ a gêm o basio'r parsel yn ddigon y dyddiau hyn. O'r hyn dwi'n ei weld, maen nhw'n gystadleuol iawn ac yn edrych fel lot fawr o waith! Ond p'un a ydych chi y math o berson sy'n cael parti enfawr gyda chastell neidio, diddanwr a llu o anifeiliaid gwyllt neu'n gwneud rhywbeth ychydig yn symlach, mae yna un peth y bydd arnoch chi i gyd ei angen, a chacen yw hwnnw. Dwi'n trio osgoi gwneud cacennau wedi'u gorchuddio ag eisin ffondant yn siâp hoff gymeriadau cartŵn – maen nhw'n fwy o drafferth nag o werth. Yn hytrach, mae gen i syniadau am gacennau trawiadol a lliwgar, ond blasus iawn hefyd – cacennau fydd yn berffaith i blant ac oedolion.

Wrth gwrs, yn ogystal â'r danteithion llawn siwgr yma, mae rhai o'r ryseitiau sawrus yn y llyfr yn ddelfrydol ar gyfer partïon. Felly, yn lle hen frechdanau wy, beth am gynnig olwynion pitsa crwst pwff, *quiches* bocs bwyd a hwmws

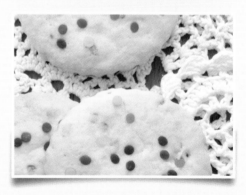

cartref gyda llysiau amrwd a ffyn bara? O leiaf wedyn fe fyddwch chi'n gallu dweud eich bod chi wedi trio rhoi rhywbeth iachus iddyn nhw – hyd yn oed os mai'r unig beth maen nhw eisiau ei fwyta mewn gwirionedd yw'r bisgedi conffeti siwgr a'r cacennau lolipop bach ar ffyn!

'Mae fy mab yn joio cacen cystal â'i fam.'

Cacen ben-blwydd lemon a mafon

Mae'r gacen dair haen hon yn edrych yn drawiadol ac yn berffaith ar gyfer dathlu pen-blwydd yr hen a'r ifanc. Mae blasau lemon a mafon ffres yn treiddio trwyddi, a chydag eisin menyn lemon, ceuled lemon a mwy o fafon ffres rhwng pob haen mae hi hefyd yn blasu'n anhygoel. Mae'r gacen yn cael ei haddurno â mwy o eisin menyn lemon wedi'i liwio'n felyn a phinc, a hynny er mwyn rhoi arlliw bach o'r hyn y gellir ei ddisgwyl y tu fewn.

Ar gyfer y gacen
300g o fenyn heb halen
350g o siwgr mân
5 wy
350g o flawd plaen
3 llwy de o bowdr codi
Croen un lemon wedi'i gratio
100g o fafon

Ar gyfer y surop
Sudd un lemon
100g o siwgr eisin

Ar gyfer yr eisin
375g o fenyn heb halen
Sudd un lemon
Croen hanner lemon wedi'i gratio
700g o siwgr eisin
Past lliw pinc a melyn

I orffen y cacennau
100g o fafon
Ceuled lemon

1. Cynheswch y popty i 180°C / Ffan 160°C / Nwy 4 ac iro 3 thun crwn 20cm gan leinio gwaelod pob un â phapur gwrthsaim.
2. Rhowch y menyn mewn powlen a'i guro am funud â chwisg drydan nes ei fod yn llyfn, yna ychwanegwch y siwgr yn raddol a churo am 5 munud arall nes bod y cymysgedd yn olau ac yn ysgafn.
3. Nawr ychwanegwch yr wyau, un ar y tro, gan gymysgu'n drwyadl â chwisg drydan rhwng pob un. Os ydych yn poeni y bydd y cymysgedd yn ceulo, ychwanegwch lwy fwrdd o flawd rhwng pob wy.
4. Ychwanegwch y blawd a'r powdr codi a chymysgu â llwy neu *spatula*.
5. Rhannwch y cymysgedd yn hafal rhwng 3 powlen, gan ychwanegu'r croen lemon at 2 ohonynt a 100g o fafon wedi'u stwnsio at y llall a chymysgu'n ofalus.
6. Rhowch y 3 chymysgedd yn y tri thun a'u coginio am 25–30 munud, nes bod y sbwng yn euraidd a bod sgiwer sy'n cael ei osod yng nghanol y cacennau yn dod allan yn lân.
7. Gadewch iddyn nhw oeri yn y tuniau am rai munudau cyn eu trosglwyddo i rwyll fetel i oeri'n llwyr.
8. Yn y cyfamser, gwnewch y surop drwy gynhesu sudd un lemon gyda'r siwgr eisin.

lemwn

9. Os nad yw eich cacennau'n wastad, torrwch y topiau i ffwrdd â chyllell fara, yna brwsiwch y 2 gacen lemon â'r surop.

10. Er mwyn gwneud yr eisin, cymysgwch y menyn am funud neu ddwy â chwisg drydan nes ei fod yn feddal, yna ychwanegwch sudd a chroen y lemon a'r siwgr eisin yn raddol.

11. Cymysgwch yn dda am 4–5 munud.

12. Rhowch un o'r cacennau lemon ar y blât weini, a thaenu haen o eisin drosti, yn ogystal â rhywfaint o geuled lemon a'r 100g o fafon wedi'u stwnsio sy'n weddill.

13. Rhowch y gacen fafon ar ei phen, a gwnewch yr un peth eto. Rhowch y drydedd gacen (yr un lemon arall) ar y top a gorchuddio'r cyfan â haen denau o eisin.

14. Fe fydd yr haen hon yn dal y briwsion i gyd ac yn gweithio fel sylfaen i'r haen olaf o eisin, felly does dim rhaid iddi fod yn rhy daclus nac yn rhy drwchus.

15. Rhowch y gacen yn yr oergell am 30 munud nes bod yr eisin wedi caledu.

16. Ar ôl i'r haen gyntaf o eisin setio, rhannwch yr eisin sy'n weddill rhwng 4 powlen. Gadewch un yn wyn, lliwiwch un yn binc a'r ddau arall yn felyn, un yn dywyllach na'r llall.

17. Gorchuddiwch dop y gacen â'r eisin gwyn, gan ei daenu mor llyfn â phosib gyda chyllell balet. Yna, yn fras, rhowch haen o eisin pinc o gwmpas gwaelod y gacen, yna'r melyn golau a gorffen â'r melyn tywyll. Ewch dros yr eisin â chyllell balet i lyfnhau'r cyfan, gan sicrhau bod y lliwiau'n llifo i mewn i'w gilydd, a'r melyn yn gorgyffwrdd â'r eisin ar y top hefyd.

mafon

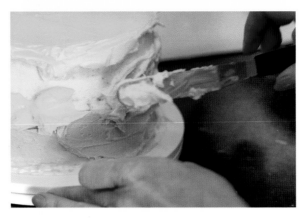

Cacen gonffeti

Fe all conffeti siwgr drawsnewid cacen ddigon blaen i fod yn un drawiadol a deniadol. Yn ei hanfod, cacen fanila syml yw hon, ond mae'r conffeti lliwgar ar y tu allan a'r tu mewn yn golygu ei bod yn berffaith ar gyfer parti. Dwi'n defnyddio eisin menyn *meringue* i'w haddurno, sy'n cymryd mwy o amser nag eisin menyn cyffredin, ond mae'n werth yr ymdrech gan ei fod yn llawer mwy llyfn a ddim cweit mor felys.

Ar gyfer y gacen
250g o fenyn heb halen
200g o siwgr mân
4 wy
175g o flawd codi
70g o almonau mâl
70g o gonffeti siwgr

Ar gyfer yr eisin
4 gwynnwy
300g o siwgr
360g o fenyn heb halen yn feddal iawn
1 llwy de o rin fanila

Mwy o gonffeti siwgr i addurno

1. Cynheswch y popty i 180°C / Ffan 160°C / Nwy 4 ac iro 4 tun crwn 18cm gan leinio gwaelod pob un â phapur gwrthsaim.
2. Rhowch y menyn mewn powlen a'i guro am funud â chwisg drydan nes ei fod yn llyfn, yna ychwanegwch y siwgr yn raddol a churo am 5 munud arall nes bod y cymysgedd yn olau ac yn ysgafn.
3. Nawr ychwanegwch yr wyau, un ar y tro, gan gymysgu'n drwyadl â chwisg drydan rhwng pob un. Os ydych yn poeni y bydd y cymysgedd yn ceulo, ychwanegwch lwy fwrdd o flawd rhwng pob wy.
4. Ychwanegwch y blawd, yr almonau mân a'r conffeti siwgr a chymysgu'n ysgafn â llwy neu *spatula*.
5. Rhannwch y cymysgedd rhwng y 4 tun (neu gwnewch 2 ar y tro os mai dim ond 2 dun sydd gennych). Coginiwch am 15–20 munud nes eu bod yn euraidd a bod sgiwer sy'n cael ei roi yng nghanol y cacennau yn dod allan yn lân.
6. Gadewch iddyn nhw oeri yn y tuniau am rai munudau cyn eu trosglwyddo i rwyll fetel i oeri'n llwyr.

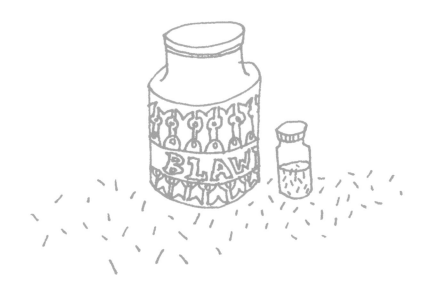

7. Er mwyn gwneud yr eisin, rhowch y gwynnwy a'r siwgr mewn powlen fetel (defnyddiwch bowlen y cymysgwr os oes un gennych) dros sosban sy'n cynnwys mymryn o ddŵr yn mudferwi. Gwnewch yn siŵr nad yw gwaelod y bowlen yn cyffwrdd â'r dŵr.

8. Cymysgwch â chwisg law nes bod y siwgr wedi toddi'n llwyr a'r cymysgedd yn gynnes. Dylai gymryd tua 5 munud, ac os teimlwch y cymysgedd rhwng eich bysedd ddylai o ddim bod yn ronynnog.

9. Rhowch y bowlen gyda'r wyau a'r siwgr yn y cymysgwr a chwisgio am 10–15 munud nes eu bod yn drwchus a sgleiniog a'r bowlen yn oer i'w chyffwrdd.

10. Torrwch y menyn yn giwbiau bach a'i ychwanegu'n raddol, gyda'r chwisg yn dal i droi. Mae'n hollbwysig bod y menyn yn feddal iawn er mwyn sicrhau eisin llyfn a meddal.

11. Pan fydd yr holl fenyn wedi'i gyfuno, ychwanegwch y rhin fanila a chymysgu eto.

12. Rhowch un o'r cacennau ar y blât weini a thaenu haen o eisin drosti.

13. Rhowch ail gacen ar ei phen, a gwneud yr un peth eto. Gwnewch yr un peth â'r 2 gacen arall cyn gorchuddio'r gacen gyfan â haen denau o eisin.

14. Fe fydd yr haen hon yn dal y briwsion i gyd ac yn gweithio fel sylfaen i'r haen olaf o eisin, felly does dim rhaid iddi fod yn rhy daclus nac yn rhy drwchus.

15. Rhowch y gacen yn yr oergell am 30 munud nes bod yr eisin yn caledu.

16. Ar ôl i'r haen gyntaf o eisin setio, gorchuddiwch yr holl gacen â'r eisin sy'n weddill a'i lyfnhau cystal â phosib â chyllell balet.

17. Addurnwch y gacen drwy wasgaru mwy o gonffeti siwgr o gwmpas gwaelod y gacen.

Cacen hufen iâ

Dyma un o fy hoff gacennau. Mae'n chwareus, yn drawiadol ond yn blasu'n hyfryd hefyd. Mae wedi'i hysbrydoli gan yr hufen iâ Neapolitan dwi'n cofio ei gael yn blentyn. Mae'r côn hufen iâ a'r siocled sy'n toddi ar ben y gacen yn awgrym o'r hyn sydd y tu fewn, sef haenau o sbwng mefus, fanila a siocled.

375g o fenyn heb halen
375g o siwgr mân
6 wy
375g o flawd codi
2 lwy de o bowdr codi
½ llwy de o fanila
3 llwy fwrdd o bowdr coco
1 llwy fwrdd o laeth
1 llwy de o flas mefus
Past lliw pinc

Ar gyfer yr eisin
375g o fenyn heb halen
1 llwy de o rin fanila
700g o siwgr eisin

I addurno
200g o siocled tywyll
Côn hufen iâ
Conffeti siwgr

1. Cynheswch y popty i 180°C / Ffan 160°C / Nwy 4 ac iro a leinio 3 thun 20cm. (Os mai dim ond 2 dun yr un maint sydd gennych, yna rhowch y cymysgedd ar gyfer un haen i'r naill ochr ac ailddefnyddio un o'r tuniau ar ôl i'r ddwy gacen gyntaf goginio.)
2. Rhowch y menyn mewn powlen a'i guro am funud â chwisg drydan nes ei fod yn llyfn, yna ychwanegwch y siwgr yn raddol a churo am 5 munud arall nes bod y cymysgedd yn olau ac yn ysgafn.
3. Nawr ychwanegwch yr wyau, un ar y tro, gan gymysgu'n drwyadl â chwisg drydan rhwng pob un. Os ydych yn poeni y bydd y cymysgedd yn ceulo, ychwanegwch lwy fwrdd o flawd rhwng pob wy.
4. Ychwanegwch y blawd a'r powdr codi a chymysgu â llwy neu *spatula*.
5. Rhowch lwyaid o'r cymysgedd mewn cas myffin a'i goginio am 12–15 munud (byddwch yn defnyddio hwn i wneud yr hufen iâ ar y gacen).
6. Yn y cyfamser, rhannwch weddill y cymysgedd yn hafal rhwng 3 powlen; dylai fod gennych chi tua 430g o gymysgedd ym mhob un.
7. Ychwanegwch y rhin fanila at un bowlen, y powdr coco a'r llaeth at un arall, a'r blas mefus a'r past lliw pinc at y drydedd bowlen, a'u cymysgu.

8. Rhowch y 3 chymysgedd mewn 3 thun gwahanol a'u coginio am 25–30 munud, nes bod y 3 sbwng yn euraidd a sgiwer sy'n cael ei osod yng nghanol y cacennau yn dod allan yn lân.

9. Gadewch iddyn nhw oeri yn y tuniau am rai munudau cyn eu trosglwyddo i rwyll fetel i oeri'n llwyr.

10. Os nad yw'r cacennau'n wastad, torrwch y topiau i ffwrdd â chyllell fara.

11. Er mwyn gwneud yr eisin, cymysgwch y menyn am funud neu ddwy â chwisg drydan nes ei fod yn feddal, yna ychwanegwch y rhin fanila a'r siwgr eisin yn raddol.

12. Cymysgwch yn dda am 4–5 munud.

13. Rhowch y gacen siocled ar y blât weini a thaenwch haen o eisin arni.

14. Rhowch y gacen fanila ar ei phen, a gwnewch yr un peth eto â'r eisin.

15. Rhowch y gacen fefus ar y top a gorchuddio'r gacen gyfan â haen denau arall o eisin, gan ddefnyddio cyllell balet i lyfnhau'r ochrau.

16. Fe fydd yr haen hon yn dal y briwsion i gyd ac yn gweithio fel sylfaen i'r haen olaf, felly does dim rhaid iddi fod yn rhy daclus nac yn rhy drwchus.

17. Ar ôl i'r haen gyntaf o eisin setio, gorchuddiwch dop ac ochrau'r gacen â'r eisin sy'n weddill, gan ei lyfnhau cystal â phosib â chyllell balet.

18. Torrwch y gacen fach fel ei bod mor debyg i siâp pêl â phosib (dyma fydd eich hufen iâ). Gorchuddiwch ag eisin menyn a'i gosod ar ben y gacen fawr.

19. Rhowch y gacen gyfan yn ôl yn yr oergell am 30 munud, nes bod yr eisin wedi caledu.

20. Pan fo'r eisin wedi setio ac yn oer, toddwch y siocled. (Dwi'n ei roi yn y meicrodon am 20 eiliad ar y tro nes ei fod wedi toddi.)

21. Tywalltwch y siocled dros ben y gacen, gan orchuddio'r belen hefyd, a gadael iddo ddiferu i lawr. Er mwyn cael diferion taclus, dwi'n defnyddio llwy i arwain rhywfaint o'r siocled i lawr yr ochrau.

22. Rhowch y côn hufen iâ ar ben y belen ac ysgeintio ychydig o gonffeti siwgr dros y cyfan.

Cacennau bach ar ffyn

Mae'r cacennau bach yma ar ffyn yn boblogaidd iawn mewn partïon plant. Maen nhw'n ddeniadol, yn hwyl ac yn flasus dros ben. Maen nhw wedi'u gwneud drwy gymysgu briwsion cacen ag eisin menyn i ffurfio peli bach, sydd wedyn yn cael eu rhoi ar ffon lolipop a'u taenu â siocled a chonffeti siwgr. Y ffordd orau i'w sychu yw eu rhoi i sefyll mewn bloc polisteirin neu focs cardfwrdd a thyllau ynddo. Gallwch wneud y sbwng yn ffres gan ddilyn y rysáit hon, neu yn well fyth gallwch ddefnyddio sbarion cacen sydd gennych ers ychydig ddyddiau. Os yw amser yn brin, prynwch sbwng plaen o'r siop.

I wneud y gacen	Ar gyfer yr eisin menyn
100g o fenyn	100g o fenyn
100g o siwgr mân	150g o siwgr eisin
2 wy	½ llwy de o rin fanila
1 llwy de o rin fanila	300g o siocled gwyn
150g o flawd codi	Conffeti siwgr

Byddwch angen 18 o ffyn lolipop bach

Digon i wneud 18

1. Os ydych chi'n pobi cacen ffres, cynheswch y popty i 180°C / Ffan 160°C / Nwy 4 a leinio 2 dun crwn 18cm â phapur gwrthsaim.

2. Curwch y menyn a'r siwgr â chwisg drydan am 5 munud nes eu bod yn ysgafn ac yn olau.

3. Ychwanegwch yr wyau, un ar y tro, gan gymysgu'n dda â chwisg drydan rhwng pob un.

4. Ychwanegwch y fanila, ac yna'r blawd a phlygu'n ofalus â llwy.

5. Rhannwch y cymysgedd rhwng y 2 dun a choginio am 20 munud nes eu bod yn euraidd.

6. Gadewch iddyn nhw oeri'n llwyr ar rwyll fetel.

7. Yn y cyfamser, gwnewch yr eisin menyn drwy guro'r menyn, y siwgr eisin a'r rhin fanila â chwisg drydan am tua 5 munud.

8. Unwaith y bydd y cacennau wedi oeri'n llwyr, rhowch nhw mewn powlen a'u malu'n ddarnau mân.

9. Ychwanegwch yr eisin menyn at y briwsion cacen un llwyaid ar y tro, gan gymysgu'n dda bob tro. Dydych chi ddim eisiau i'r cymysgedd fod yn rhy wlyb, felly gofalwch beidio â defnyddio gormod o eisin. Dim ond digon er mwyn i'r cyfan lynu at ei gilydd sydd ei angen.

10. Defnyddiwch eich dwylo i orffen y gwaith cymysgu ac i ffurfio peli.

11. Rhowch y peli ar dun pobi wedi eu gorchuddio â *cling film* a gadael iddyn nhw oeri a chaledu yn yr oergell am 2 awr. Mae'n hollbwysig eu bod yn oer iawn cyn i chi eu trochi yn y siocled.

12. I orchuddio'r cacennau, toddwch y siocled, naill ai mewn powlen dros sosban o ddŵr neu yn ofalus mewn meicrodon.

13. Estynnwch un bêl ar y tro o'r oergell. Rhowch ben un o'r ffyn lolipop yn y siocled, yna ei roi yn y belen, rhyw hanner ffordd i mewn. Rhowch y bêl yn ôl yn yr oergell i galedu tra byddwch yn gwneud y gweddill.

14. Nesaf, rhowch y siocled wedi'i doddi mewn mỳg (cynheswch y siocled yn sydyn eto os yw wedi dechrau caledu) a chan estyn un ar y tro o'r oergell, trochwch y peli cyfan yn y siocled. Tapiwch y ffyn yn ysgafn ar ochr y mỳg i gael gwared ag unrhyw ddiferion.

15. Yna, dros bowlen lân (er mwyn osgoi llanast!), ysgeintiwch y conffeti siwgr ar y belen.

16. Rhowch nhw i sychu drwy eu rhoi i sefyll yn y bloc polisteirin neu'r bocs cardfwrdd a thyllau ynddo.

'Mae'r cacennau bach yma ar ffyn yn boblogaidd iawn mewn partïon plant.'

Meringues bach lliwgar

Mae'r *meringues* bach lliwgar yma nid yn unig yn ddeniadol ond yn flasus iawn hefyd. Wrth gwrs, fe allech chi wneud rhai plaen ond mae'r streipiau yn eu gweddnewid yn bwdin trawiadol fyddai'n berffaith ar gyfer parti. Bwytewch nhw ar eu pen eu hunain, neu eu gweini â hufen a ffrwythau. Y peth da am y rhain yw y gallwch eu gwneud ddyddiau o flaen llaw gan y byddan nhw'n cadw'n dda mewn tun a chaead arno.

4 gwynnwy (tua 150g)
300g o siwgr mân
Past lliw o'ch dewis chi

Bydd angen bagiau eisio a brws paent bach hefyd.

1. Cynheswch y popty i 140°C / Ffan 120°C / Nwy 1 a leinio 2 dun pobi â phapur gwrthsaim.

2. Rhowch y gwynnwy mewn powlen, a gyda chwisg drydan chwisgiwch yn araf i ddechrau, nes bod swigod yn dechrau ffurfio. Yna cynyddwch y cyflymder, a pharhau i chwisgio nes bod pigau'n dechrau ffurfio.

3. Gyda'r chwisg yn dal i droi, ychwanegwch y siwgr un llwyaid ar y tro.

4. Ar ôl ychwanegu'r holl siwgr, daliwch ati i chwisgio ar gyflymder uchel am 5 munud arall, nes bod y cymysgedd yn stiff ac yn sgleiniog.

5. Trowch y bag eisio y tu chwith allan, a gan ddefnyddio brws paent gweddol denau, peintiwch streipiau ar du allan y bag. Does dim angen llawer o bast i greu lliw llachar, gan ei fod yn gryf iawn.

6. Yna, yn ofalus, trowch y bag yn ôl fel ag yr oedd, nes bod y streipiau ar y tu fewn, a llenwch y bag â'r *meringue*.

7. Ysgydwch y bag rywfaint er mwyn sicrhau bod y *meringue* yn cyrraedd y gwaelod ac i gael gwared ar swigod, cyn torri twll maint 10 ceiniog yng ngwaelod y bag.

8. Er mwyn atal y papur gwrthsaim rhag symud wrth i chi eisio, rhowch ychydig bach o'r *meringue* ym mhob cornel o'r tun cyn gosod y papur gwrthsaim ar ei ben.

9. Pan fyddwch yn barod i eisio, daliwch y bag yn syth i lawr uwchben y tun a gwasgu'n ysgafn i greu lympiau bach o *meringue* streipiog. Gwnewch yr un peth â lliwiau gwahanol nes eich bod wedi defnyddio'r holl *meringue*. Coginiwch nhw am 35–40 munud. Pan fyddan nhw'n barod fe fyddan nhw'n codi'n hawdd oddi ar y papur gwrthsaim.

Calonnau creision reis

Mae plant wrth eu boddau â'r lolipops creision reis hyn: maen nhw'n ddeniadol, yn hwyl ac yn felys iawn. Does dim rhyfedd bod plant yn eu mwynhau! Mae'r mefus sych yn rhoi blas hyfryd iddyn nhw. Mae'r mefus sych ar gael mewn archfarchnadoedd mawr neu siopau bwyd iach, ond os nad ydych yn gallu cael gafael arnyn nhw does dim rhaid eu cynnwys.

80g o fefus sych

55g o fenyn heb halen

300g o falws melys

Past lliw pinc

170g o greision reis

Ffyn lolipop

1. Torrwch y mefus yn fân, cyn eu rhoi mewn sosban gyda'r menyn a'r malws melys a'u cynhesu nes bod y malws wedi toddi'n llwyr.

2. Tynnwch y sosban oddi ar y gwres, ychwanegu'r mymryn lleiaf o bast lliw pinc a chymysgu'n dda. Yna ychwanegwch y creision reis a chymysgu'r cyfan nes bod y creision wedi'u gorchuddio gan y cymysgedd gludiog.

3. Irwch ddysgl bobi ag ychydig o fenyn neu olew llysiau a gwasgu'r cymysgedd i mewn yn eithaf tyn. Dwi'n credu ei bod hi'n haws gwneud hyn â'ch dwylo, ond gwlychwch nhw'n gyntaf neu fe fydd y cymysgedd yn glynu i'ch bysedd.

4. Gadewch i'r cymysgedd oeri'n llwyr cyn torri siapiau calonnau ynddo â thorrwr bisgedi. Gorffennwch drwy wthio ffon lolipop i waelod pob un.

Bisgedi conffeti

Mae'r bisgedi conffeti yma yn llawn lliw a hwyl ac yn berffaith ar gyfer unrhyw barti. Bydd plant yn cael sbri yn eu gwneud nhw hefyd. Er mwyn sicrhau eu bod mor drawiadol â phosib, ysgeintiwch ddigon o gonffeti siwgr lliwgar dros bob bisged cyn eu pobi.

125g o fenyn heb halen
75g o siwgr mân
1 wy
1 llwy de o rin fanila

225g o flawd plaen
½ llwy de o bowdr codi
30g o gonffeti siwgr

Digon i wneud 16 o fisgedi

1. Cynheswch y popty i 170°C / Ffan 150°C / Nwy 3 a leinio tun pobi â phapur gwrthsaim.
2. Curwch y menyn a'r siwgr â chwisg drydan am funud neu ddwy nes eu bod wedi cymysgu'n dda.
3. Yna ychwanegwch yr wy a churo eto nes ei fod wedi cyfuno'n llwyr.
4. Ychwanegwch y rhin fanila, y blawd, y powdr codi ac 20g o'r conffeti siwgr a chymysgu â llwy bren nes eich bod yn gallu ffurfio pêl â'r toes.
5. Ysgeintiwch y bwrdd ag ychydig o flawd a rholio'r toes nes ei fod yn 1cm o drwch. Defnyddiwch dorrwr bisgedi i dorri siapiau. Ysgeintiwch weddill y conffeti siwgr drostynt, cyn eu trosglwyddo i'r tun pobi.
6. Coginiwch nhw am 10–12 munud, cyn gadael iddyn nhw oeri ar rwyll fetel.

HAF TRWY'R FLWYDDYN

Mae angen manteisio i'r eithaf ar ddyddiau braf yn y wlad hon… dyddiau pan fo'r haul yn grasboeth a dim byd i'w wneud ond chwarae allan yn yr ardd. Ar ddyddiau fel hyn, does dim byd gwell na hufen iâ neu lolipop, ond does dim angen gwrando am gloch y fan hufen iâ na rhedeg draw i'r siop leol i brynu un am grocbris chwaith. Os ydych chi'n eu gwneud nhw gartref eich hun, fe fyddan nhw'n llawer rhatach, ac fe fydd yna wastad un yn y rhewgell yn barod am y diwrnod poeth nesaf, neu unrhyw ddiwrnod pan fyddwch yn awchu am hufen iâ.

Os yw eich plant chi fel fy un i, mae hufen iâ a lolipop yn bethau i'w mwynhau drwy gydol y flwyddyn, waeth beth fo'r tywydd. Ac felly hyd yn oed yng nghanol gaeaf mae'r ryseitiau yma'n gwneud pwdin ysgafn delfrydol. Mae Gruff wrth ei fodd yn cael hufen iâ pot iogwrt ar ôl swper, yn hytrach nag iogwrt arferol, felly mae yna wastad rai yn y rhewgell yn tŷ ni.

Peidiwch â phoeni, does dim angen peiriant hufen iâ nac unrhyw gyfarpar drud arall i wneud y rhain. Fe fydd mowld lolipop syml, sy'n ddigon rhad i'w brynu, neu hyd yn oed botiau iogwrt bach, yn gwneud y tro yn iawn.

Mae yma ryseitiau iachus ond blasus ar gyfer lolipops llawn ffrwythau fydd yn siŵr o dorri syched ar ddiwrnod poeth, ac eraill sydd ddim cweit mor iach ond sydd yr un mor hufennog a moethus â'r rhai y gallwch eu prynu o'r siop.

Hufen iâ banana a siocled

Gyda dim ond dau gynhwysyn, dyma'r hufen iâ symlaf y gallwch ei wneud, ac mae'n iachus hefyd. Fe allwch chi wneud hufen iâ allan o fananas yn unig, ond dwi'n hoffi ychwanegu ychydig o bowdr coco hefyd. Mae'n berffaith fel pwdin munud olaf i'r plant, ac yn ffordd wych o ddefnyddio bananas sydd wedi mynd yn rhy frown i'w bwyta.

4 banana aeddfed iawn
1 llwy fwrdd o bowdr coco

1. Torrwch y bananas yn dameidiau a'u rhoi mewn bag addas yn y rhewgell.
2. Gadewch iddyn nhw rewi'n llwyr. Fe fydd yn cymryd o leiaf 2 awr ond mae'n well eu gadael dros nos. (Dwi'n cadw bag yn y rhewgell yn barod i'w ddefnyddio unrhyw bryd.)
3. Rhowch y bananas wedi'u rhewi a'r powdr coco mewn prosesydd bwyd a'u malu'n fân nes eu bod yn llyfn.
4. Gweinwch yn syth neu rhowch unrhyw hufen iâ sydd dros ben mewn bocs plastig a chaead arno.
5. Gadewch iddo feddalu rhywfaint cyn ei fwyta.

 Hufen iâ hawdd

Mae gwneud hufen iâ go iawn yn gallu bod yn llafurus, ond fydd dim rhaid llafurio dros yr hufen iâ syml hwn. Dim ond chwipio'r cynhwysion sydd ei angen cyn ei roi mewn potyn plastig i'w rewi. Mae'n flasus ar ei ben ei hun, ond mae ychydig o jam cyrens duon sur, neu friwfwyd melys adeg y Nadolig, wedi'i chwyrlïo drwyddo yn ei wneud yn fwy arbennig byth. Dyma bwdin bach syml ar ôl cinio yng nghwmni ffrind. Jyst peidiwch â dweud wrth neb pa mor hawdd oedd o i'w wneud!

600ml o hufen dwbl
1 tun 397g o laeth cyddwys
(dwi'n defnyddio'r math ysgafn
heb fraster)

1 llwy de o rin fanila
2 lwy fwrdd o jam cyrens duon

1. Chwipiwch yr hufen dwbl nes ei fod yn dechrau tewychu, ond ddim yn hollol stiff.
2. Ychwanegwch y llaeth cyddwys a'r rhin fanila a'u chwipio eto nes bod y cyfan yn drwchus.
3. Tywalltwch i botyn plastig a chaead arno.
4. Cynheswch y jam yn y meicrodon am ychydig eiliadau, nes ei fod yn llacio rhywfaint ond ddim yn gynnes. Yna ychwanegwch at yr hufen iâ, gan ei droi'n ofalus â chyllell er mwyn ei chwyrlïo trwy'r hufen iâ.
5. Rhowch yn y rhewgell i rewi am o leiaf 4 awr neu dros nos yn ddelfrydol.

'...fydd dim rhaid llafurio
dros yr hufen iâ
syml hwn.'

Lolipops mefus

Os oeddech chi'n hoffi Mini Milks pan oeddech yn blentyn (neu os ydych yn dwyn rhai y plant nawr, fel fi) yna fe fyddwch chi'n caru'r rhain. Maen nhw'n blasu'n union fel y rhai mefus o'r siop, ond yn well fyth gan eu bod yn llawn mefus ffres.

300g o fefus
200g o laeth cyddwys
100ml o laeth

Digon i wneud 6 lolipop bach

1. Gwnewch biwre o'r mefus gan ddefnyddio prosesydd bwyd.
2. Rhowch y piwre mewn powlen gyda'r llaeth cyddwys a'r llaeth cyffredin a chymysgu'r cyfan â llwy.
3. Tywalltwch i mewn i fowlds lolipop gweddol fach, a'u rhoi yn y rhewgell i rewi'n llwyr. Os nad oes gennych brosesydd bwyd gallwch stwnsio'r mefus â fforc. Fydd y piwre ddim mor llyfn, ond dwi'n reit hoff o'r lympiau o fefus ffres pan fydda i'n cael cyfle i fwynhau un fy hun.

Lolipops potiau iogwrt

Does dim rhaid i chi gael mowldiau arbennig er mwyn gwneud lolipops – mae potiau iogwrt bach yn gwneud y job yn iawn. Mae potiau bach 45ml yn gwneud lolipops perffaith ar gyfer plant bach, os ydych yn eu llenwi ag iogwrt Groegaidd a mêl neu surop masarn a'ch dewis chi o ffrwythau.

75g o fango, mefus, mafon neu lus
(ffres neu wedi'u rhewi)
170ml o iogwrt Groegaidd braster llawn
1 llwy de o fêl neu surop masarn
4 pot iogwrt bach
4 ffon lolipop
Darn o ffoil

1. Rhowch y ffrwythau mewn prosesydd bwyd a'u malu nes eu bod yn llyfn, neu stwnsiwch nhw â fforc. Os ydych yn defnyddio ffrwythau wedi'u rhewi, gadewch iddyn nhw ddadmer yn gyntaf.
2. Cymysgwch yr iogwrt â'r mêl neu'r surop masarn.
3. Tywalltwch lwyaid o'r iogwrt i waelod pot glân, yna rhowch lwyaid o ffrwythau am ei ben. Gwnewch yr un peth sawl gwaith nes bod y potiau'n llawn.
4. Rhowch ddarn o ffoil o amgylch top pob potyn ac, ar ôl gwneud twll bach â chyllell finiog, rhowch y ffyn drwy'r ffoil ac i mewn i'r potiau. Fe fydd y ffoil yn cadw'r ffyn yn eu lle tra bod y lolipops yn rhewi.
5. Rhowch nhw yn y rhewgell am o leiaf 4 awr nes eu bod yn galed.

Lolipops ffrwythau

Dyma lolipops sy'n edrych yn ddeniadol, yn berffaith i dorri syched ar ddiwrnod poeth ac yn iach iawn hefyd. Hyd yn oed os nad yw'r haul yn tywynnu y tu allan, fe fydd y rhain yn siŵr o ddenu eich plant i fwyta ffrwythau. Dwi'n hoffi'r lliwiau lliwgar sy'n dod o gyfuno ciwi, mefus a llus ond gallwch ddefnyddio unrhyw ffrwythau rydych chi'n eu mwynhau. Beth am ddefnyddio mwyar duon yn yr hydref neu orenau adeg y Nadolig? Mae yna ddigon o ddewis o ffrwythau trwy gydol y flwyddyn.

1 ciwi

4 mefusen

Llond llaw o lus

200ml o ddŵr cnau coco

Digon i wneud 4

1. Sleisiwch y ffrwythau a'u rhoi yn y mowldiau lolipop.
2. Llenwch bob un â'r dŵr cnau coco, yna rhoi'r ffyn i mewn.
3. Gadewch yn y rhewgell dros nos i setio.

melon dŵr

grawnwin

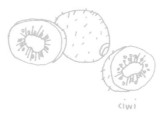

ciwi

NADOLIC

Mae treulio ychydig o amser yn y gegin yn pobi danteithion Nadoligaidd yn sicr o fy nghael i hwyl yr ŵyl, ac ym mhrysurdeb y gwyliau mae'n braf treulio rhywfaint o amser fel teulu i ffwrdd o'r holl wallgofrwydd yn mwynhau pleserau syml ac yn creu rhywbeth blasus a chreadigol.

Gall hefyd fod yn gyfle i greu atgofion melys y byddwch yn eu cofio am flynyddoedd i ddod.

Mae gan bawb eu traddodiadau Nadoligaidd eu hunain, ond mae yna wastad le i greu rhai newydd, felly beth am ddechrau gwneud eich addurniadau eich hun? Mae'r bisgedi gwydr lliw yn y bennod hon yn edrych yn ddeniadol iawn pan fyddan nhw'n dal y goleuadau ar y goeden.

A beth am wneud eich tŷ sinsir eich hun? Bydd yn cadw'r plant yn brysur ar ddiwrnod oer ac er y byddan nhw'n siŵr o fwyta hanner y fferins wrth goginio, fe fyddan nhw'n cael lot o hwyl yn eu defnyddio i addurno'r tŷ hefyd.

I mi, pleser mwyaf coginio yw rhannu ag eraill, ac felly mae yma ryseitiau sy'n berffaith fel anrhegion, neu i rannu â ffrindiau a theulu. Bydd plant ac oedolion wrth eu boddau â'r cacennau bach dyn eira a'r cyffug uncorn trawiadol: dwy rysáit syml sy'n flasus ac yn ddeniadol.

Nid ryseitiau pob dydd yw'r rhain, ond nid dyna beth rydych chi ei eisiau dros y Nadolig. Mae'n gyfle i loddesta ac i beidio â phoeni am faint o siwgr rydych chi'n ei fwyta (wel, ddim yn ormodol beth bynnag). Os ydych chi'n mynd i stwffio eich hun yn llawn sothach, yna o leiaf gwnewch o'n sothach rydych chi wedi'i wneud eich hun.

Cyffug uncorn

Mae'r cyffug hudol ac unigryw yma'n lliwgar ac yn llawn siwgr, felly fe fydd plant wrth eu boddau yn ei wneud a'i fwyta. Rhowch y cyffug mewn bagiau plastig a'u clymu â rhuban a bydd gennych anrheg ddeniadol a gwahanol iawn.

400g o siocled gwyn
Tun 397g o laeth cyddwys
25g o fenyn heb halen
1 llwy de o rin fanila
130g o siwgr eisin
Past lliw o'ch dewis chi (fe ddefnyddiais i liwiau melyn, pinc, glas a phiws)
Conffeti siwgr

1. Leiniwch dun 20cm x 20cm â phapur gwrthsaim.
2. Torrwch y siocled yn fân a'i roi mewn sosban gyda'r llaeth cyddwys, y menyn a'r rhin fanila.
3. Toddwch yn araf dros dymheredd isel, gan droi'r cymysgedd yn gyson er mwyn sicrhau nad yw'r siocled yn glynu i waelod y sosban.
4. Pan fydd y siocled a'r menyn wedi toddi'n llwyr, tynnwch y sosban oddi ar y gwres ac ysgeintio'r siwgr eisin dros y cyfan. Cymysgwch â llwy bren nes bod gennych chi bast trwchus.
5. Rhannwch y cymysgedd rhwng 4 powlen fach a lliwio pob un â phast lliw gwahanol. Cofiwch mai dim ond y mymryn lleiaf o'r past lliw sydd ei angen – gallwch wastad ychwanegu mwy os oes angen.
6. Rhowch y cymysgedd yn y tun, un llwyaid ar y tro, gan ddewis y gwahanol liwiau ar hap. Rhowch liwiau gwahanol ar ben ei gilydd hefyd os mynnwch. Yna llusgwch *chopstick* neu sgiwer pren drwy'r lliwiau nes eu bod yn dechrau cymysgu. Stopiwch pan fydd gennych batrwm deniadol ac ysgeintio conffeti siwgr dros y cyfan, cyn eu pwyso i lawr yn ofalus i'r cyffug.
7. Rhowch y cyffug i setio yn yr oergell am 3–4 awr. Pan fydd wedi caledu, tynnwch allan o'r tun a'i dorri'n sgwariau.

Fe fydd y cyffug yma'n cadw am bythefnos os byddwch yn ei gadw mewn bocs yn yr oergell.

Cacennau bach dyn eira

Dwi wrth fy modd â'r dynion eira yma sydd wedi dechrau toddi a cholli eu siâp. Maen nhw'n ddel tu hwnt, ac fe gewch chi lot o hwyl yn eu haddurno a hyd yn oed mwy o hwyl yn eu bwyta.

125g o fenyn heb halen
225g o siwgr mân
2 wy
100g o flawd codi
80g o flawd plaen
1 llwy de o rin fanila
120ml o laeth
20g o ddarnau siocled gwyn
20g o lugaeron sych

Ar gyfer yr eisin
125g o fenyn heb halen ar dymheredd ystafell
3 llwy fwrdd o laeth
½ llwy de o rin fanila
225g o siwgr eisin

I addurno
Bag o falws melys gwyn
Inc du bwytadwy
Eisin ffondant oren
Botymau siocled bach

Digon i wneud 12

1. Cynheswch y popty i 180°C / Ffan 160°C / Nwy 4 a rhoi 12 cas cacen bach mewn tun myffins.
2. Gan ddefnyddio chwisg drydan, cymysgwch y menyn am funud. Yna ychwanegwch y siwgr ychydig ar y tro, gan barhau i gymysgu. Cymysgwch am 4–5 munud arall nes bod y cyfan yn olau ac yn teimlo'n ysgafn.
3. Ychwanegwch yr wyau, un ar y tro, gan gymysgu pob un yn drwyadl â'r chwisg drydan.
4. Cymysgwch y ddau fath o flawd a'u rhoi i'r naill ochr. Ychwanegwch y fanila at y llaeth.
5. Ychwanegwch hanner y blawd at y cymysgedd menyn a siwgr a chymysgu'n ofalus â llwy.
6. Ychwanegwch hanner y llaeth nesaf, gan gymysgu eto â llwy. Ailadroddwch â gweddill y blawd ac yna'r llaeth.
7. Yn olaf, ychwanegwch y siocled gwyn a'r llugaeron at y cymysgedd cyn llenwi'r cesys nes eu bod nhw'n ⅔ llawn.

8. Coginiwch am 20–25 munud nes eu bod yn dechrau brownio ar y top a bod sgiwer yn dod allan yn lân os ydych yn eu procio.
9. Gadewch iddyn nhw oeri yn y tun am ryw 2 funud, yna rhowch y cacennau ar rwyll fetel i oeri'n llwyr.
10. Curwch am funud â chwisg drydan, yna ychwanegwch y llaeth, y fanila a hanner y siwgr eisin. Yna ychwanegwch weddill y siwgr eisin a chymysgu am 4 munud arall nes bod y cyfan yn olau ac yn ysgafn.
11. Taenwch ychydig o eisin menyn dros bob cacen â chyllell balet, cyn rhoi malws melys ar eu pennau.
12. Gan ddefnyddio beiro inc bwytadwy neu eisin du, tynnwch lun llygaid a cheg ar bob malws melys.
13. Gwnewch y trwyn drwy dorri darn bach o eisin oren, ei siapio'n foronen fach a'i lynu wrth y malws melys â mymryn o ddŵr.
14. Rhowch y botymau siocled ar bob dyn eira.

Bisgedi ffenestri lliw

Mae gwneud bisgedi i addurno'r goeden Nadolig yn dipyn o draddodiad yn ein teulu ni erbyn hyn. Fe ddechreuais drwy wneud bisgedi sinsir digon syml a'u hongian ar y goeden â rhuban del, ond mae'r bisgedi yma'n llawer mwy deniadol ac yn edrych yn hudol ar y goeden wrth i'r goleuadau ddisgleirio trwy'r ffenest liwgar sydd wedi'i gwneud o fferins. Yr unig broblem yw eu bod nhw mor flasus fe fydd y plant yn ceisio eu dwyn oddi ar y goeden.

100g o fenyn

100g o siwgr brown tywyll

2 lwy fwrdd o surop

1 llwy de o rin fanila

1 wy

400g o flawd plaen

2 lwy de o soda pobi

1 llwy de o sbeis cymysg

1 paced o fferins caled lliwgar

Byddwch hefyd angen dau dorrwr o faint gwahanol a rhuban i addurno.

Digon i wneud tua 30 o fisgedi

1. Cynheswch y popty i 180°C / Ffan 160°C / Nwy 4.
2. Cynheswch y menyn, y siwgr, y surop a'r rhin fanila mewn sosban dros dymheredd cymedrol nes eu bod wedi toddi.
3. Tynnwch y sosban oddi ar y gwres a gadael i'r cymysgedd oeri rhywfaint, cyn ychwanegu'r wy a chymysgu'n dda. (Peidiwch â'i ychwanegu pan fydd yn boeth neu fe fydd y cymysgedd yn troi'n wy wedi sgramblo!)
4. Yn y cyfamser, rhowch y blawd, y soda pobi a'r sbeis cymysg mewn powlen fawr a'u cymysgu.
5. Ychwanegwch y cynhwysion gwlyb at y cynhwysion sych a'u cymysgu'n dda â llwy bren i ffurfio toes gweddol stiff.

6. Ysgeintiwch y bwrdd â blawd a rholio'r toes nes ei fod yn 5mm o drwch. Torrwch siapiau â thorrwr gweddol fawr o'ch dewis chi, cyn defnyddio torrwr llai i dorri twll yn y canol. Hon fydd y ffenest.
7. Rhowch y bisgedi ar dun pobi wedi'i leinio â phapur gwrthsaim, gan sicrhau bod digon o le rhwng pob bisged.
8. Ailroliwch unrhyw does sy'n weddill a thorri mwy o fisgedi.
9. Gwnewch dwll ym mhob bisged â *chopstick* neu sgiwer pren, gan ofalu peidio â gwneud y twll yn rhy agos at yr ymyl. Dyma fydd yn dal eich rhuban, felly gwnewch yn siŵr ei fod ychydig yn fwy nag sydd angen, achos fe fydd y fisged yn gwasgaru wrth goginio.
10. Rhowch y fferins mewn bagiau plastig, gan sicrhau nad ydych yn cymysgu'r lliwiau. Torrwch nhw'n ddarnau mân drwy eu taro â phin rholio.
11. Rhowch y darnau fferins yn y tyllau yn eich bisgedi nes eu bod yn lefel â thop y toes.
12. Coginiwch am 15 munud nes bod y bisgedi'n brownio ar yr ochrau a'r fferins wedi toddi'n llwyr.
13. Gadewch iddyn nhw oeri'n llwyr yn y tun.
14. Ar ôl iddyn nhw oeri, rhowch ruban drwy'r twll a'u clymu ar y goeden.

 Cwpanau twrci

Dyma i chi ffordd wahanol o ddefnyddio'r holl dwrci sydd dros ben ar ôl cinio Nadolig. Dwi'n defnyddio *tortillas* yn lle toes i ddal y cymysgedd, ac ar ôl eu pobi mewn tun myffins maen nhw'n caledu i ffurfio cwpan crensiog – perffaith i ddal y cymysgedd blasus. Fydd neb yn cwyno eu bod nhw'n bwyta twrci fyth eto!

3 *tortilla*
100g o gig moch wedi'i fygu
Olew i ffrio
300g o dwrci
1 foronen
1 llwy bwdin o flawd
200ml o laeth
25g o gaws wedi'i gratio
60g o gorn melys
6 llwy de o saws llugaeron

Digon i wneud 12

1. Cynheswch y popty i 180°C / Ffan 160°C / Nwy 4.
2. Torrwch gylchoedd *tortilla* tua 9cm ar draws, un ai â thorrwr neu drwy eu torri o gwmpas cwpan.
3. Rhowch nhw mewn tun myffins a'u coginio am 8–10 munud nes eu bod yn dechrau brownio.
4. Yn y cyfamser, torrwch y cig moch yn dameidiau bychan a'u ffrio mewn padell ag ychydig bach o olew.
5. Torrwch y twrci yn giwbiau 1cm, a'r foronen yn fân, a'u hychwanegu at y cig moch pan fydd wedi dechrau brownio. Coginiwch am ychydig funudau nes bod y moron yn feddal. Ychwanegwch y blawd a'i goginio am 2 funud, cyn tywallt y llaeth i mewn a chymysgu'n dda. Ychwanegwch y caws a'r corn melys a choginio nes bod y saws yn drwchus.
6. Pan fydd y *tortillas* yn barod, tynnwch nhw allan o'r popty a rhoi hanner llwy de o saws llugaeron yng ngwaelod pob un cyn eu llenwi â'r cymysgedd twrci. Rhowch nhw'n ôl yn y popty am 3–4 munud arall.
7. Bwytewch yn gynnes.

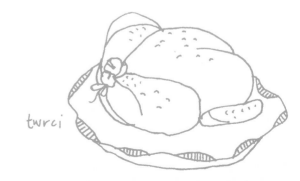

twrci

Tŷ sinsir

Mae gwneud tŷ sinsir yn lot o hwyl i blant ac oedolion. Gwnewch dempled papur i gael sylfaen y tŷ, yna glynwch y darnau at ei gilydd â'r eisin caled. Gadewch i'r plant ddefnyddio eu dychymyg wrth addurno'r tŷ.

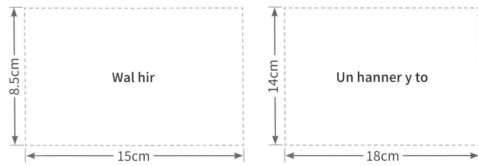

Wal hir — 8.5cm × 15cm

Un hanner y to — 14cm × 18cm

200g o fenyn heb halen
200g o siwgr brown tywyll
5 llwy fwrdd o surop
550g o flawd plaen
2 lwy de o soda pobi
3 llwy de o sinsir mâl
1 llwy de o sinamon

Ar gyfer yr eisin

1 gwynnwy
170g o siwgr eisin
1 llwy fwrdd o sudd lemon
Detholiad o fferins i addurno

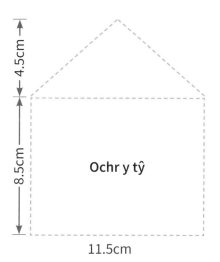

4.5cm
8.5cm
Ochr y tŷ
11.5cm

1. Cynheswch y popty i 180°C / Ffan 160°C / Nwy 4.
2. Cynheswch y menyn, y siwgr a'r surop mewn sosban dros dymheredd cymedrol nes eu bod wedi toddi.
3. Rhowch y blawd, y soda pobi, y sinsir a'r sinamon mewn powlen fawr a'u cymysgu.
4. Ychwanegwch y cynhwysion gwlyb at y cynhwysion sych a'u cymysgu'n dda â llwy bren i ffurfio toes gweddol stiff.
5. Ysgeintiwch y bwrdd â blawd a rholio'r toes nes ei fod yn 5mm o drwch.
6. Gan ddilyn y templed papur torrwch 2 o bob siâp a'u rhoi ar dun pobi wedi'i leinio â phapur gwrthsaim. Os oes toes ar ôl gallwch dorri pobl fach neu goed Nadolig i fynd gyda'r tŷ.
7. Coginiwch am 20 munud.
8. Os yw'r bisgedi wedi gwasgaru'n ormodol ar ôl eu tynnu o'r popty gallwch sythu'r ochrau drwy eu torri ag olwyn bitsa neu gyllell finiog. Gwnewch hyn yn syth o'r popty cyn i'r bisgedi oeri a chaledu.
9. Er mwyn gwneud yr eisin, chwisgiwch y gwynnwy mewn powlen fawr nes bod swigod yn dechrau ymddangos. Yna, gyda'r cymysgwr ar gyflymder isel, ychwanegwch y siwgr eisin 1 llwyaid ar y tro. Pan fyddwch wedi ychwanegu'r siwgr eisin i gyd, ychwanegwch y sudd lemon a chwisgio nes bod y cymysgedd yn stiff.
10. Rhowch yr eisin mewn bag peipio gan dorri twll bychan yn y pen.
11. Rhowch rywfaint o eisin ar fwrdd cacen neu blât i ddal waliau'r tŷ.
12. Peipiwch ychydig o eisin ar yr ymylon lle bydd y waliau'n pwyso yn erbyn ei gilydd a'u gwasgu ynghyd. Defnyddiwch ddysgl fach neu gwpanau tu fewn i'r tŷ i ddal y waliau yn eu lle tra eu bod yn sychu.
13. Gadewch iddyn nhw sychu'n llwyr, am ychydig oriau yn ddelfrydol. Pan fyddan nhw wedi sychu, tynnwch y bowlen neu'r gwpan sy'n dal y waliau oddi yno a glynu'r to ymlaen â mwy o eisin. Fe fydd yn rhaid i chi ddal darnau'r to yn eu lle am ychydig funudau neu fe fyddan nhw'n llithro i ffwrdd. Fe allwch chi osod cwpan neu botyn bach oddi tanyn nhw i'w dal yn llonydd tra bod yr eisin yn sychu. Gadewch iddyn nhw sychu'n llwyr, dros nos yn ddelfrydol.
14. I addurno, defnyddiwch weddill yr eisin i beipio ffenestri a drws, ac i ludo fferins neu siocledi i'r tŷ.

Mynegai

DIOLCH

Diolch i bawb sydd wedi helpu gyda'r llyfr hwn. Ond yn bennaf i Gruff y mab sydd wedi fy ysbrydoli i feddwl o'r newydd am sut yr ydw i'n coginio. Mae wedi bod yn her i feddwl am bethau iachus a blasus iddo eu fwyta dros y blynyddoedd diwethaf, ond mae'n her dwi wedi ei mwynhau oherwydd ei barodrwydd i drio pethau newydd. Mae ei onestrwydd wedi bod yn gymorth mawr wrth benderfynu pa ryseitiau oedd yn haeddu lle yn y gyfrol hon, rhaid diolch iddo hefyd am fod mor barod i adael i mam dynnu ei lun bob tro mae'n bwyta. Diolch hefyd i fy ngŵr Johny am fod yn gefn i mi pan fy mod yn ceisio jyglo gormod o bethau ar unwaith, am fod yn fwy na pharod i brofi'r holl ryseitiau, ond hefyd am gynnig sylwadau onest ac adeiladol bob tro. Mae creu llyfr deniadol y bydd pobl eisiau pori drwyddo yn hollbwysig i mi, ac felly mawr yw fy niolch i Warren Orchard am y lluniau, i Lowri Davies am y darluniau hyfryd ac i Elgan Griffiths am y gwaith dylunio. Byddai hyn i gyd ddim yn bosib heb gefnogaeth y Lolfa, diolch i bawb yno am eu holl waith caled, i Nia Peris a Huw Meirion Edwards am eu cymorth golygyddol, ond yn enwedig i Meleri Wyn James am ei hamynedd a'i chefnogaeth drwy gydol y broses.